Mosaik
bei GOLDMANN

Buch

Eine neue Generation von Vegetariern ist im Kommen: Immer mehr Mädchen wollen aus gesundheitlichen und geschmacklichen, aber auch aus ethischen und religiösen Gründen kein Fleisch mehr essen. Das junge, zeitgemäße Ernährungsprogramm der 17-jährigen Lauren Butts macht Gleichgesinnten das Umsteigen auf vegetarisches Essen schmackhaft, egal, ob sie noch zu Hause wohnen oder für sich selbst kochen. Sie weiß aus eigener Erfahrung, was Teens schmeckt, und bietet tolle fleischlose Rezepte für jede Mahlzeit und Gelegenheit, garantiert vollwertig, Fett sparend und ohne überflüssige Kalorien. Dazu erklärt die Autorin, wie man sich ganz leicht sein persönliches vegetarisches Ernährungsprogramm nach Bedarf und Geschmack zusammenstellt, und gibt wertvolle Tipps für Gesundheit und Figur.

Autorin

Lauren Butts, 17 Jahre, ist Highschool-Studentin und Mitglied der National Junior Honor Society. Die leidenschaftliche Soccer-Spielerin und Läuferin lebt in Medford, Oregon.

LAUREN BUTTS

O.K., du bist Vegetarierin, und jetzt?

Guter Rat und 100 gesunde
und leckere Rezepte
für vegetarische Anfängerinnen

Mosaik
bei GOLDMANN

Meiner Mutter

Umwelthinweis:
Alle bedruckten Materialien dieses Taschenbuches
sind chlorfrei und umweltschonend.

Deutsche Erstausgabe Februar 2002

Published by Arrangement with Lauren Butts
Originaltitel: OK, So Now You're a Vegetarian
Originalverlag: Broadway Books, New York
Dieses Werk wurde vermittelt durch die Literarische Agentur
Thomas Schlück GmbH, 30827 Garbsen
Umschlaggestaltung: Design Team München
unter Verwendung folgender Fotos:
Umschlag: Carbis Stock Market
Umschlaginnenseiten: Stock Market/W. Swarthout
Redaktion: Regina Konrad
Satz: Setzerei Vornehm, München
Druck: GGP Media, Pößneck
Verlagsnummer: 16417
kö . Herstellung: Max Widmaier
Printed in Germany
ISBN 3-442-16417-6
www.goldmann-verlag.de

1 3 5 7 9 10 8 6 4 2

INHALT

VORWORT 7
- Individuelle Empfehlungen 8
- Täglicher Kalorienbedarf 10
- Die Pyramide der gesunden Ernährung 11
- Wichtige Nährstoffe 11
- Schnell und gut essen 19

EINLEITUNG 21

VEGETARISCHE ERNÄHRUNG 25
- Fünf Formen des Vegetarismus 27
- Zutaten-Glossar 28
- Kochtechniken 32

FRÜHSTÜCK 35
- Pfannkuchen, Muffins, Frühstücksriegel und mehr 37
- Frucht-Smoothies und Frühstücksgetränke 49
- Obst, Zerealien und Kuchen 57
- Omelettes, Tortillas und Burritos 65

MITTAGESSEN 73
- Tortillas und Pitabrote 75
- Kalte Nudelsalate 85
- Sandwiches 93

ABENDESSEN 103
- Salate und Salatdressings 105
- Suppen, Chilis und Kartoffeln 115
- Pizza und Pasta 125
- Tacos, Tostadas und Enchiladas 137
- Hamburger, Aufläufe und Pasteten 147
- Pfannengerichte und Eintöpfe 159
- Getreide, Bohnen und Reis 167

SNACKS UND DESSERTS 175
Chips und Dips 177
Kekse und Kuchen 187
Milchgetränke und Puddings 199
Früchtekuchen 207

DANKSAGUNG 217

REGISTER 219

VORWORT

von Diätassistentin Donna Shields

Wenn du auf vegetarische Ernährung umsteigst, triffst du eine Entscheidung mit langfristigen Auswirkungen auf deine Gesundheit. In Wahrheit gibt es verschiedenste Gründe, warum Menschen zu Vegetariern werden. Manchen verbietet ihre Religion den Genuss von tierischen Lebensmitteln, manche empfinden Mitleid mit den Tieren und wollen für deren Rechte eintreten. Wieder andere sorgen sich um die ökologische Zukunft unserer Erde. Sie finden, dass tierische Lebensmittel ein effizienter Beitrag zur Ernährung der Menschheit sind, dass die natürlichen Ressourcen durch eine pflanzliche Ernährung weit besser genützt werden können. Manche Menschen dagegen mögen schlicht und einfach den Geschmack von Fleisch nicht. Wenn du bereits für deinen Lebensunterhalt sorgen musst, wirst du vielleicht feststellen, dass Fleisch ganz schön ins Geld geht; ohne Fleisch lebt man billiger.

Was immer die Motive sein mögen, das Ergebnis ist das gleiche: der Entschluss, tierische Produkte vom Speiseplan zu streichen, wenn auch in unterschiedlichem Ausmaß. Viele Menschen gehören in die gemäßigte Kategorie der Ovo-Lacto-Vegetarier, das heißt, sie essen Eier (Ovo-) und Milchprodukte (Lacto-) und meiden Fleisch, Fisch und Geflügel. Ovo-Lacto-Vegetarier essen Brot, Getreideprodukte, Obst, Gemüse, Samen, Nüsse sowie Milchprodukte und Eier. Strenge Vegetarier werden auch »Veganer« genannt, sie essen überhaupt keine tierischen Lebensmittel. Veganer erhalten ihr gesamtes Eiweiß aus pflanzlichen Nahrungsmitteln, wie etwa Bohnen, Tofu, Getreide, Nüssen, Samen und Sojaprodukten. Streng vegetarische Diäten müssen sorgfältig geplant werden, können dann aber eine vollkommen gesunde Ernährungsweise sein. Ob man nun in eine dieser Kategorien fällt oder auch irgendwo dazwischen steht, etwa Fisch isst, aber kein Fleisch, oder vielleicht Eier, aber keine Milchprodukte – es gibt keine falschen oder richtigen Vegetarier.

INDIVIDUELLE EMPFEHLUNGEN

Was der Mensch an Nährstoffen benötigt, hängt von seinem Alter, der Körpergröße, dem Gewicht und dem Ausmaß an körperlicher Aktivität ab. Es gibt jedoch allgemeine Empfehlungen, die so genannte empfohlene Tageszufuhr des »National Research Council« der USA*. Diese Empfehlungen sind die Grundlage für die Planung einer gesunden vegetarischen Ernährung. Hier wird die empfohlene Tageszufuhr für die Gruppe der Elf- bis Achtzehnjährigen und die Gruppe der Neunzehn- bis Vierundzwanzigjährigen angeführt, wobei einzelne Nährstoffe von Tabelle zu Tabelle ein wenig variieren. Übersteigen Körpergröße und Gewicht die Werte für Elf- bis Achtzehnjährige, gilt die nächste Tabelle.

Wähle also die Lebensmittel so aus, dass du möglichst nahe an diese Werte herankommst. Doch Zahlen sind nicht alles. Diese Empfehlungen sind so zusammengestellt, dass die Zufuhr von Tag zu Tag und von Mensch zu Mensch etwas variieren kann, auch mit dem »täglich« muss man es nicht so genau nehmen. Liegt der Durchschnitt von drei Tagen nahe am empfohlenen Wert, ist das in Ordnung. Lebensmittel mit hoher »Nährstoffdichte«, das heißt solche, die im Verhältnis zu den Kalorien viele Nährstoffe enthalten, sollten bevorzugt werden. So sind etwa Obst und Gemüse reich an Nährstoffen und relativ kalorienarm, während Kartoffelchips keine Nährstoffe enthalten, aber viele Kalorien.

* Vergleichbare Richtwerte für die Nährstoffzufuhr wurden von der Deutschen und der Österreichischen Gesellschaft für Ernährung sowie der Schweizerischen Gesellschaft für Ernährungsforschung herausgegeben. Diese Empfehlungen für die einzelnen Nährstoffe unterscheiden sich nur geringfügig von den hier genannten. (Siehe DACH-Referenzwerk für die Nährstoffzufuhr. Umschau/Braus, 2000, S. 230ff.) (Anm. d. Red.).

EMPFOHLENE TAGESZUFUHR:

	MÄNNLICH		*WEIBLICH*	
Alter:	11–18	19–24	11–18	19–24
Gewicht in kg:	45–66	73	46–54	58
Größe in cm:	157–175	178	157–163	165
EIWEISS – Gramm	45–59	58	46–54	46
VITAMINE				
Vitamin A – µg	1000	1000	800	800
Vitamin D – µg	10	10	10	10
Vitamin E – mg	10	10	8	8
Vitamin K – µg	45–65	70	45–55	60
Vitamin C – µg	50–60	60	50–60	60
Thiamin – mg	1,3–1,5	1,5	1,1	1,1
Riboflavin – mg	1,5–1,8	1,7	1,3	1,3
Niacin – mg	17–20	19	15	15
Vitamin B_6 – mg	1,7–2,0	2,0	1,4–1,5	1,6
Folsäure – µg	150–200	200	150–180	180
Vitamin B_{12} – µg	2,0	2,0	2,0	2,0
MINERALSTOFFE				
Kalzium – mg	1300	1300	1300	1300
Phosphor – mg	1200	1200	1200	1200
Magnesium – mg	270–400	350	280–300	280
Eisen – mg	12	10	15	15
Zink – mg	15	15	12	12
Jod – µg	150	150	150	150
Selen – µg	40–50	70	45–50	55

Quelle: auf der Grundlage der empfohlenen Tageszufuhr des »Food and Nutrition Board«, »National Academy of Sciences – National Research Council« der USA, Fassung 1989.

Täglicher Kalorienbedarf

Der Kalorienbedarf hängt von zwei Faktoren ab: dem Stoffwechsel und dem aktiven Energieverbrauch. Mit der folgenden Formel kannst du deinen täglichen Kalorienbedarf auf der Grundlage des derzeitigen Gewichtes leicht ausrechnen. Wenn du abnehmen oder zunehmen möchtest, musst du entsprechend weniger oder mehr Kalorien aufnehmen. Wieviel Energie durch Aktivitäten verbraucht wird, muss jeder für sich realistisch schätzen. Dabei macht es einen gewaltigen Unterschied, ob man nach der Schule vor dem Fernseher kleben bleibt oder Fußball spielt, und leider zählt Einkaufen nicht wirklich zu den anstrengenden Tätigkeiten.

Hier ist ein Beispiel für eine 59 Kilogramm schwere Frau.

1 Zunächst wird das Gewicht mit dem Grundumsatz multipliziert (die Kalorien, die für den Stoffwechsel benötigt werden), der 1 Kalorie pro Stunde und Kilogramm bei Männern und 0,9 Kalorien pro Stunde und Kilogramm bei Frauen beträgt.
59 kg x 0,9 x 24 Stunden = 1274 Kalorien

2 Nun zum aktiven Energieverbrauch.
In der folgenden Tabelle werden die Prozentsätze für die weitere Kalorienberechnung aufgrund des Energieverbrauches genannt:

TÄTIGKEIT	*MÄNNLICH*	*WEIBLICH*
Sitzend	25 % bis 40 %	25 % bis 35 %
Leicht	50 % bis 70 %	40 % bis 60 %
Mäßig	65 % bis 80 %	50 % bis 70 %
Anstrengend	90 % bis 120 %	80 % bis 100 %
Schwer	130 % bis 145 %	110 % bis 130 %

Ein Mädchen beispielsweise, das mit dem Fahrrad in die Schule fährt, den größten Teil des Tages in der Klasse verbringt und keinen Sport betreibt, würde in die Kategorie »leichte Tätigkeit« fallen.
1274 Kalorien x 40 % bis 60 % = 509 bis 764 Kalorien zusätzlich für aktiven Energieverbrauch.
1274 Kalorien + 509 bis 764 Kalorien = 1783 bis 2038 Kalorien pro Tag zum Halten des derzeitigen Körpergewichts.

DIE PYRAMIDE DER GESUNDEN ERNÄHRUNG

Nun ist es Zeit, diese ernährungwissenschaftlichen Zahlen in einen gesunden Speiseplan zu verwandeln. Eine der einfachsten Methoden ist die Anwendung der vegetarischen Ernährungspyramide der American Dietetic Association (siehe Seite 12)*. Sie gibt an, wie viele Portionen aus jeder Nahrungsmittelgruppe verzehrt werden sollten, damit alle benötigten Nährstoffe zugeführt werden. Und sie gibt auch noch an, was eine Portion ist. Wer denkt: »Wie soll ich bloß sechs bis elf Portionen aus der Brotgruppe pro Tag zu mir nehmen?«, wird erleichtert feststellen, dass eine Scheibe Brot eine Portion Brot ist, es ist also gar nicht so schwer. Wer sich an die Pyramide hält, bekommt alle Nährstoffe in einem ausgewogenem Verhältnis.

WICHTIGE NÄHRSTOFFE – BESONDERS ZU BEACHTEN

Da dein Körper noch sehr rasch wächst, ist eine gesunde Ernährung besonders wichtig. Es gibt einige Nährstoffe, die bei vegetarischer Ernährung zum Problem werden könnten, auf diese solltest du daher besonders achten.

* Eine vegetarische Ernährungspyramide für den deutschsprachigen Raum existiert bisher nicht. Bei der Deutschen Gesellschaft für Ernährung e.V. (DGE) in Bonn sind jedoch andere detaillierte Informationen zum Thema vegetarische Ernährung erhältlich. (Anm. d. Red.)

Ernährungspyramide für den vegetarischen Speiseplan

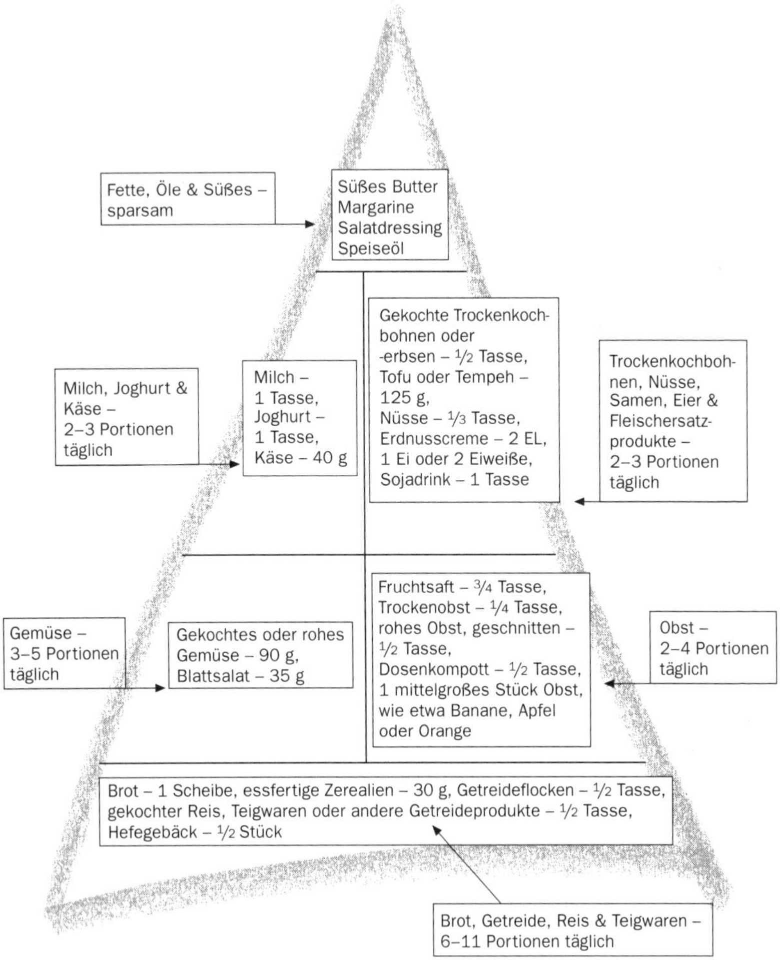

Quelle: National Center for Nutrition and Dietetics
The American Dietetic Association
Auf der Grundlage der Ernährungspyramide des US-Landwirtschaftsministeriums
© ADAF 1998

Die in den USA übliche Mengenangabe in Tassen wurde – wo angebracht – in Gramm umgerechnet. (Anm. d. Red.)

EIWEISS

Eiweiß ist für viele wichtige Körperfunktionen verantwortlich, von der Bildung von Muskelgewebe bis zur Produktion von Hormonen und Enzymen. Mit dem Fleisch schließt man eine wichtige Eiweißquelle aus seiner Ernährung aus. Das geht in Ordnung, solange dieses Eiweiß durch hochwertiges pflanzliches Eiweiß ersetzt wird. Eiweiß besteht aus kleineren Bausteinen, den so genannten Aminosäuren, diese Aminosäuren erhalten wir aus verschiedensten pflanzlichen Nahrungsmitteln. Wichtig ist, dass im Verlauf des Tages eine breite Vielfalt an essenziellen Aminosäuren aufgenommen wird, damit der Körper durch Kombinationen und Umbau letztendlich all das benötigte hochwertige Eiweiß erhält.
Gute Lieferanten von essenziellen Aminosäuren sind: alle Hülsenfrüchte, wie etwa gebackene Bohnen, schwarze Bohnen, Kichererbsen, Kidney-Bohnen, Linsen, Limabohnen, Gartenbohnen, Spalterbsen; Sojaprodukte wie Tempeh, Sojadrink, Tofu, Sojamehl; Nüsse und Samen aller Art; Erdnusscreme und andere Nusscremes und in geringerem Ausmaß Getreide, Brot, Zerealien und Gemüse. Wer Milchprodukte und Eier isst, hat mit ihnen ebenfalls ausgezeichnete Eiweißlieferanten. Obst und Fette, wie etwa Butter, Margarine und Öl, sind keine guten Eiweißlieferanten.

EISEN

Das Spurenelement Eisen wird für die Bildung der roten Blutzellen benötigt, die Sauerstoff in alle Zellen des Körpers transportieren. Eine ausreichende Eisenversorgung kann bei vegetarischer Ernährung mitunter etwas schwierig sein. Zweiwertiges Eisen ist in vielen pflanzlichen Nahrungsmitteln enthalten, wird aber vom Körper leider nicht so effizient aufgenommen wie das dreiwertige Eisen aus tierischen Nahrungsmitteln. Die Eisenaufnahme wird jedoch verbessert, wenn

GUTE VEGETARISCHE EISENLIEFERANTEN:

EISEN	Milligramm pro Portion
Brot, Zerealien und Getreide	
Weizenvollkornbrot, 1 Scheibe	0,9
Weißbrot, 1 Scheibe	0,7
Kleieflocken, 1 Tasse	11,0
Hafergrütze, Instant, 1 Portion	6,3
Weizenkeime, 2 EL	1,2
Gemüse (90 g, gekocht)	
Stielmus	1,4–1,5
Meeresgemüse	18,1–42,0
Mangold	1,9
Tomatensaft, 1 Tasse	1,3
Sojaprodukte (1/2 Tasse, gekocht)	
Sojabohnen	4,4
Tempeh	1,8
Tofu	6,6
Sojadrink, 1 Tasse	1,8
Nüsse/Samen (2 EL)	
Cashewnüsse	1,0
Kürbiskerne	2,5
Tahin (Sesampaste)	1,2
Sonnenblumenkerne	1,2
Sonstiges	
Melasse, 1 EL	3,3
Hülsenfrüchte (1/2 Tasse, gekocht)	
Gebackene Bohnen, vegetarisch	0,74
Schwarze Bohnen	1,8
Kichererbsen	3,4
Kidneybohnen	1,5
Linsen	3,2
Limabohnen	2,2
Gartenbohnen	2,5

man die eisenhaltigen Lebensmittel mit Vitamin-C-reichen Lebensmitteln kombiniert. Das Vitamin C sorgt dafür, dass das Eisen besser verwertet wird. Gute Vitamin-C-Lieferanten sind Zitrusfrüchte und ihre Säfte, Erdbeeren, Paprika, Brokkoli, Blumenkohl, Tomaten und Tomatensaft.

KALZIUM UND VITAMIN D

Kalzium und Vitamin D tragen zusammen zum Aufbau und zur Kräftigung der Knochen bei, was in den Teenagerjahren noch sehr wichtig ist. Wer Milchprodukte ausschließt, erhält zu wenig Kalzium und Vitamin D. Der Mangel muss durch andere kalziumreiche Lebensmittel sowie durch mit Kalzium angereicherte Produkte, etwa Zerealien und Orangensaft, die man in jedem Supermarkt findet, ausgeglichen werden. Die meisten von uns nehmen Vitamin D aus Eiern und Milchprodukten auf, es gibt jedoch auch Sojadrinks und Cerealien, die mit diesem Vitamin angereichert wurden. Der menschliche Körper produziert Vitamin D unter Einwirkung von Sonnenlicht. In Gegenden, die das ganze Jahr über wenig Sonne haben, ist die Aufnahme von Vitamin D mit der Nahrung daher noch wichtiger.

GUTE VEGETARISCHE KALZIUM- UND VITAMIN-D-LIEFERANTEN:

KALZIUM	Milligramm pro Portion
Hülsenfrüchte (1 Tasse, gekocht)	
Kichererbsen	78
Weiße Bohnen	121
Gartenbohnen	128
Pintobohnen	82
Schwarze Bohnen	103
Gebackene Bohnen, vegetarisch	128

KALZIUM	Milligramm pro Portion
Sojaprodukte	
Sojabohnen, 1 Tasse, gekocht	175
Tofu, 125 g	120–350
Tempeh, 1/2 Tasse	77
Texturiertes vegetabiles Protein, 1/2 Tasse	85
Sojadrink, 1 Tasse	84
Sojadrink, angereichert, 1 Tasse	250–300
Sojanüsse, 1/2 Tasse	252
Nüsse und Samen (2 EL)	
Mandeln	50
Mandelcreme	86
Gemüse (90 g, gekocht)	
Pak-Choi	79
Brokkoli	89
Grünkohl	90
Indischer Senf	75
Stielmus	125
Obst	
Getrocknete Feigen (5)	258
Orangensaft, mit Kalzium angereichert, 1 Tasse	300
Sonstiges	
Melasse, 1 EL	187
Kuhmilch, 1 Tasse	300
Joghurt, 1 Tasse	275–400

VITAMIN D	Mikrogramm pro Portion
Zerealien, essfertig, angereichert, 3/4 Tasse	1,0–2,5
Sojadrink oder andere Milchalternativen, angereichert, 1 Tasse	1,0–2,5

Vitamin B_{12} und Zink

Diese beiden Nährstoffe spielen für viele Aspekte des Stoffwechsels eine große Rolle, etwa für die Produktion von Insulin und Enzymen, die der Körper für die Nutzung anderer Nährstoffe benötigt. Vitamin B_{12} ist vorwiegend in tierischen Lebensmitteln enthalten, in geringen Mengen zwar auch in Spirulina-Algen und Miso, hier allerdings nur in schlecht verwertbarer Form. Eine streng vegetarische Diät sollte einige mit Vitamin B_{12} angereicherte Lebensmittel oder eine tägliche Nahrungsergänzung vorsehen. Zink wird vom Körper ebenso wie Eisen am besten aus tierischen Lebensmitteln aufgenommen, ist aber auch in einigen pflanzlichen Lebensmitteln verfügbar.

Gute vegetarische Vitamin B_{12}-Lieferanten:

VITAMIN B_{12}	Mikrogramm pro Portion
Hülsenfrüchte (1/2 Tasse, gekocht)	
Kichererbsen	1,3
Limabohnen	1,0
Linsen	1,2
Sojaprodukte (1/2 Tasse, gekocht)	
Sojabohnen	1,0
Tempeh	1,5
Tofu	1,0
Texturiertes vegetabiles Protein	1,4
Gemüse (1/2 Tasse, gekocht)	
Mais	0,9
Erbsen	1,0
Meeresgemüse	1,1–2,0

VITAMIN B_{12}	Mikrogramm pro Portion
Milchprodukte	
Kuhmilch, 1 Tasse	1,0
Cheddar-Käse, 30 g	0,9
Joghurt, 1 Tasse	1,8
Sonstiges	
Frühstücks-Zerealien, essfertig, 60 g	1,5–6,0
Tofu oder Seitan (1 Burger oder 1 Portion laut Packung)	2,0–7,0
Sojadrink oder andere Milchalternative, angereichert, 225 g	0,2–5,0
Nährhefe, 1 EL	4,0

GUTE VEGETARISCHE ZINKLIEFERANTEN:

ZINK	Milligramm pro Portion
Brot, Getreide und Zerealien	
Kleieflocken, 1 Tasse	5,0
Weizenkeime, 2 EL	2,3
Hülsenfrüchte (½ Tasse, gekocht)	
Bohnen	2,0

SCHNELL UND GUT ESSEN

Je mehr du über Ernährung und Essen weißt, desto einfacher wird es, deinen eigenen Speiseplan in den deiner Familie einzubringen. Dieses Buch liefert eine Menge schneller und kreativer Rezepte, die gesund und schmackhaft sind. Aber auch an den Tagen, an denen dir keine Zeit zum Kochen bleibt, darf die Gesundheit nicht auf der Strecke bleiben. Wenn Mama Pasta asciutta kocht, bietet sich für unsere Zwecke ein Glas Tomatensauce an, fix und fertig mit Gemüse und Gewürzen wie Paprika, Zwiebel, Oliven und Basilikum. Stehen Tacos mit Rindfleischfülle auf dem Speiseplan, füllen wir sie einfach mit Bohnen, wenn es Hackbraten gibt, machen wir uns einen großen, herzhaften Salatteller mit Kichererbsen.

Für zwischendurch eignet sich eine Schüssel Vollkorn-Zerealien mit Sojadrink oder ein Sandwich mit Erdnuss- oder Mandelcreme. Aus Tofu, Sojadrink, Fruchtsaft und frischem Obst wird im Mixer rasch ein Smoothie. Es lohnt sich, immer einige fertige Gemüsestücke zum Knabbern im Kühlschrank aufzubewahren und für unterwegs Trockenobst in der Tasche zu haben. Hefegebäck, fettarmes Popcorn und Reiswaffeln eignen sich auch zum Mitnehmen. Die Fett- und Kalorienzufuhr lässt sich leicht in Grenzen halten, wenn immer etwas Gesundes zur Hand ist, so dass man gar nicht in Versuchung gerät, zu Fertigsnacks zu greifen.

EINLEITUNG

Als ich beschloss, Vegetarierin zu werden, war mir klar, dass ich nicht bis an mein Lebensende gedämpftes Gemüse und Grünzeug essen konnte – ich würde verrückt werden. Mein erster Weg führte mich mit meiner Mutter in die Buchhandlung, um einige gute vegetarische Kochbücher zu kaufen. Ich suchte mir die interessantesten aus und blätterte sie auf dem Heimweg durch. Dabei merkte ich schnell, dass ich keine Ahnung hatte, worauf ich mich eingelassen hatte. Gulasch-Kasserole? Oder vielleicht Orechiette mit Favabohnen, Mascarpone und Ricotta-Salat? Klang ehrfurchtgebietend, ganz zu schweigen davon, dass ich damals keine Ahnung hatte, was Orechiette oder Mascarpone waren, und eigentlich auch keine große Lust, es herauszufinden.

Ich bin normalerweise recht aufgeschlossen für Neues, aber die Umstellung auf vegetarische Ernährung brachte mich an meine Grenzen. Eigentlich wollte ich ja nur meine Lieblingsgerichte ohne Fleisch. Natürlich waren Paprika mit Auberginen und Oliven gefüllt gelegentlich etwas Feines, aber mich zog es eher zu herkömmlichen Dingen. Außerdem hatte ich gar keine die Zeit, jeden Abend groß zu kochen, und meine Mutter würde sicher nicht etwas zubereiten, was außer mir keiner auch nur ansehen wollte.

Die gekauften Kochbücher enthielten durchaus gute Rezepte, waren aber wohl für Köche mit etwas mehr Erfahrung gedacht. Sie setzten einiges Geschick, Geduld, Zeit und Erfahrung mit vegetarischer Küche voraus, die ich nicht hatte.

Zu Beginn versuchte ich es also mit den Rezepten, das Ergebnis war aber meist ein Fiasko. Nach einer Weile begann ich, vegetarische Varianten meiner gewohnten Gerichte zu kreieren. Ich war erstaunt, wie gut Lasagne schmeckte, wenn der Geschmack des Käses nicht vom Fleisch überdeckt wurde. Ich erfand auch neue Rezepte. Mein liebstes Frühstück wurde bald das dreifarbige Parfait von Seite 58. Es schmeckt beinahe wie Himbeer-Käse-Kuchen, man könnte es glatt für ein Dessert halten. Das waren genau die schnellen, einfachen, fettarmen Rezepte, die ich suchte.

Wie jeder Teenager achte auch ich auf mein Gewicht. Bei meinen Freundinnen und Freunden konnte ich immer wieder beobachten, wie sie Kalorien zählten und Blitzdiäten ausprobierten – in diese Falle wollte ich nicht geraten. Vegetarische Gerichte sind meist ziemlich fettarm, so dass ich leichter mein ideales Gewicht halten kann, ohne auf meine Lieblingsgerichte verzichten oder übermäßig trainieren zu müssen.

Vegetarismus wird immer beliebter. Viele meiner Freundinnen und Freunde ernähren sich jetzt vegetarisch, und wir tauschen untereinander Rezepte und Ratschläge aus. Auch unsere Zeitschrift *Seventeen* bringt beinahe in jeder Ausgabe etwas über Vegetarismus oder ein neues Rezept für Cannelloni ohne Fleisch. Als Alicia Silverstone, Jerry Seinfeld oder Chelsea Clinton beschlossen, Vegetarier(innen) zu werden, wurde fleischlose Ernährung zum Renner. Als Lisa Simpson nach einem Ausflug in den Streichelzoo kein Fleisch mehr aß, wurde für mich ein Trend erkennbar, der heute nichts an Bedeutung eingebüßt hat.

Tiere bedeuten mir sehr viel. Nach einer Reise unserer sechsten Klasse nach Europa wollte ich nie wieder Fleisch essen. Die Vorstellung, in Paris Pferdefleisch vorgesetzt zu bekommen, hatte mich nachdenklich gemacht. Ich wollte nicht die Verwandten meines Lieblingsponys aufessen, ja mehr, ich wollte nie wieder etwas essen, was ein Gesicht oder ein schlagendes Herz hatte. Allein bei dem Gedanken dass mein Hamburger einmal ein lebendes, atmendes, süßes kleines Kalb gewesen war, verging mir der Appetit. Also beschloss ich, kein Fleisch mehr zu essen.

Die größte Sorge meines Vaters war, ob ich als Vegetarierin wohl jene wichtigen Nährstoffe, die im Allgemeinen nur in Fleisch enthalten sind, in ausreichender Menge aufnehmen würde. Er verlangte, dass ich mich ein wenig informierte, und so stellte ich fest, dass Vegetarismus nicht nur darin bestehen kann, die Peperoni von der Pizza zu picken. Ich brauchte Eiweiß und Vitamine, um gesund zu bleiben. Wenn ich Fleisch nicht durch Alternativen aus der Ernährungspyramide ersetze, bekommt mein Körper nicht das, was er braucht. Ich informierte mich ausführlicher und fand heraus, welche vegetarischen Lebensmittel ausreichend Eisen und Vitamin B_{12} enthalten und wie man durch Kombination von Getreide und Hülsenfrüchten alle wichtigen Eiweißbausteine aufnehmen kann. Dass ich darüber Bescheid wusste, beruhigte meinen Vater. Auch mir halfen die Informationen weiter.

Sobald ich wusste, was ich brauchte, um gesund zu bleiben, legte ich mir eine Sammlung meiner Lieblingsrezepte an. Und das ist eigentlich schon der Zweck dieses Buches – eine Sammlung meiner liebsten schnellen und einfachen Rezepte, die noch dazu köstlich schmecken. Ich hoffe, dass du, liebe(r) Leser(in), ebenso begeistert davon bist wie ich.

LAUREN BUTTS
Medford, Oregon, USA

VEGETARISCHE ERNÄHRUNG

Wenn du Vegetarier(in) werden willst, stößt du zunächst einmal auf neue Begriffe, Ausdrücke und Zutaten, von deren Existenz du noch nie etwas gehört hast. Hier sind einige Erklärungen zu den wichtigsten Begriffen des Vegetarismus: zu seinen unterschiedlichen Ausprägungsformen und zu wertvollen vegetarischen Zutaten.

FÜNF FORMEN DES VEGETARISMUS

Ein wichtiger Aspekt der Entscheidung für den Vegetarismus besteht darin festzulegen, welche tierischen Produkte man kaufen oder konsumieren wird. Ich habe bei jedem Rezept angegeben, für welche Form des Vegetarismus es geeignet ist. Vielleicht ist es einfacher, das Fleischessen im Verlauf von ein oder zwei Monaten langsam aufzugeben und nicht von einem Tag auf den anderen. Es bietet sich an, zunächst dunkles Fleisch für eine Woche zu meiden und dann allmählich auch auf Geflügel, Fisch, Eier etc. zu verzichten, bis man das ganz persönliche Wohlbefinden erreicht.

Semi-Vegetarier	Isst kein dunkles Fleisch, wohl aber Geflügel, Fisch und Meeresfrüchte.
Ovo-Lacto-Vegetarier	Isst weder Fleisch noch Fisch, wohl aber Eier und Milchprodukte.
Lacto-Vegetarier	Isst kein Fleisch, keinen Fisch und keine Eier, aber Milchprodukte.
Veganer	Isst keinerlei tierische Lebensmittel.
Strenger Veganer	Verzichtet gänzlich auf die Verwendung, das Tragen und das Essen von Produkten tierischen Ursprungs.

ZUTATEN-GLOSSAR

Wer mit Ausdrücken wie *Tempeh*, *Seitan* und *Quinoa* nichts anfangen kann, findet hier einige Arten von Fleischersatz und vegetarischen Eiweiß-, Vitamin- und Mineralstofflieferanten aufgelistet. Sie lassen sich vielfach für altbekannte Rezepte verwenden oder als Beilage oder Hauptgericht servieren.

Bulgur

Bulgur besteht aus vorgekochten, grob zerkleinerten Weizenkörnern. Er ist reich an Eiweiß, Kohlenhydraten, Phosphor und Kalium. 100 Gramm Bulgur enthalten soviele Nährstoffe wie ein ganzer Laib reines Weizenvollkornbrot!

Erhältlich in: den meisten großen Lebensmittelgeschäften, in Reformhäusern und Naturkostläden.

Zubereitung: Bulgur muss für Salate eingeweicht werden, für Eintöpfe nur kurz gekocht.

Haferkleie

Haferkleie ist ein wasserlöslicher Ballaststoff, der die aus Cholesterin hergestellte Gallensäure bindet und damit zur Senkung des Cholesterinspiegels beiträgt.

Erhältlich in: Supermärkten, Reformhäusern oder Naturkostläden.

Zubereitung: Haferkleie kann Rührteigen für Muffins oder Pfannkuchen, Keksteigen oder Smoothies zugegeben werden.

Hirse

Hirse ist eine kleine, zarte Getreidesorte, die nach dem Kochen leicht und flaumig wird. Sie ist reich an Phosphor, Eisen, Kalzium, Riboflavin, Niacin und Aminosäuren. Zusammen mit Haferflocken, Reis oder Mais ergibt Hirse hochwertiges Eiweiß, das einem Steak nahe kommt.
Erhältlich in: Naturkostläden, Supermärkten und Reformhäusern.
Zubereitung: Der Geschmack von Hirse lässt sich verbessern, wenn man sie vor dem Zugeben fünf Minuten darrt (ohne Fett röstet), das muss aber nicht sein. Sie wird in Flüssigkeit, mit aufgelegtem Deckel, gegart, bis alle Flüssigkeit aufgesogen ist.

Hülsenfrüchte

Erdnüsse, grüne und gelbe Spalterbsen, Limabohnen, Kichererbsen, Pintobohnen, Kidneybohnen, schwarze Bohnen, Mungobohnen, Linsen und Gartenbohnen sind alles Hülsenfrüchte.
Erhältlich in: Supermärkten, Naturkostläden oder Reformhäusern.
Zubereitung: Einfacher und schneller geht es, diese Gemüse in Dosen zu kaufen, sie müssen dann meist nur noch erwärmt werden, man kann sie aber auch getrocknet kaufen und nach den Packungsangaben kochen.

Kuskus (Couscous)

Kuskus ist ein spezieller, feinkörniger Hartweizengrieß. Kuskus kann auch aus Hirse oder einer Mischung aus beiden Getreidearten bestehen. Er ist reich an Eiweiß und Kohlenhydraten.
Erhältlich in: Supermärkten und Naturkostläden. Es gibt ihn in vorgegarter oder Instant-Form oder im Rohzustand, was bis zu sechzig Minuten Garzeit erfordert, Packungsaufschrift beachten.
Zubereitung: Der Grieß muss bei geringer Hitze in etwas Flüssigkeit gegart werden. Kuskus nimmt den Geschmack der anderen Speisen an.

Quinoa

Quinoa hat kleine, bräunliche Körner und erinnert ein wenig an Kuskus. Es stammt aus Südamerika und enthält wertvolleres Eiweiß als fast alle anderen Getreide.
Erhältlich in: der Bioecke des Lebensmittelgeschäftes, in Reformhäusern oder Naturkostläden.
Zubereitung: Wasser zum Kochen bringen (zwei Tassen Wasser auf eine Tasse Quinoa) und Quinoa hineingeben. Kochen lassen, bis das Wasser aufgesogen ist und die Oberfläche der Körner kleine Ringe aufweist.

Seitan

Seitan besteht aus Weizengluten und hat eine fädige, gummiähnliche Konsistenz. Seitan ist reich an Eiweiß und Eisen.
Erhältlich in: der Tiefkühlabteilung des Naturkostladens.
Zubereitung: Seitan wird in wenig Öl einige Minuten gedünstet, bis es gründlich erhitzt ist.

Sojaeiweiß

Sojaeiweiß ist eine gute pflanzliche, sehr fettarme Quelle für hochwertiges, vollständiges Eiweiß, das unerlässlich für den Muskelaufbau ist.
Erhältlich in: Naturkostläden und Reformhäusern.
Zubereitung: Sojaeiweiß wird als Pulver angeboten. Man gibt es zu Shakes und Smoothies, zu Pfannkuchenteig oder mischt es mit Joghurt.

Tempeh

Tempeh stammt aus Indonesien und ist ein flaches, fermentiertes Sojabohnenprodukt mit nussigem Geschmack. Es ist eine der wenigen pflanzlichen Vitamin B_{12}-Quellen und reich an Eiweiß, Eisen und Zink.
Erhältlich in: Naturkostläden.
Zubereitung: Grillen, Backen, Braten oder Dämpfen.

Texturiertes vegetabiles Protein (TVP)

TVP ist ein hundertprozentiges Sojaprodukt, das aussieht wie Haferflocken. Es enthält reichlich Eiweiß, Kalium, Aminosäuren, Kalzium und Magnesium.
Erhältlich in: Reformhäusern und Naturkostläden.
Zubereitung: In kochendes Wasser oder Gemüsebrühe geben und fünf bis zehn Minuten quellen lassen.

Tofu

Tofu wird aus geronnener Sojamilch hergestellt. Er ist reich an Eiweiß, Eisen und den B-Vitaminen.
Erhältlich in: Naturkostläden und Reformhäusern.
Zubereitung: Mit Tofu lässt sich so ziemlich alles machen! Man kann ihn in Smoothies rühren, unter Gemüse geben, einem würzigen Eintopf zufügen oder zu Hamburgern verarbeiten.

Weizenkeime

Weizenkeime sehen ähnlich aus wie Zerealien, sie enthalten große Mengen an Vitaminen und Mineralstoffen, besonders reichlich Eiweiß, Vitamin B, Eisen, Vitamin E und Magnesium.
Erhältlich in: Lebensmittelgeschäften, Reformhäusern oder Naturkostläden.
Zubereitung: Mit Joghurt mischen oder zu Pfannkuchenteig oder Smoothies geben.

Weizenkleie

Weizenkleie hilft dem Körper, Giftstoffe aus dem Verdauungstrakt loszuwerden.
Erhältlich in: Lebensmittelgeschäften, Reformhäusern oder Naturkostläden.
Zubereitung: Weizenkleie besteht aus winzigen Flocken. Man gibt sie zu Smoothies oder zu Muffins- oder Pfannkuchenteig.

Kochtechniken

Es ist wichtig, dass du die verwendeten Kochtechniken kennst, damit die Rezepte auch gelingen. Ich habe diese Grundlagen im Kochunterricht gelernt, und für alle, die keinen solchen Unterricht hatten, erkläre ich hier die Grundbegriffe.

- **Aufschlagen –** Rasch schlagen, sodass Luft eingearbeitet wird und die Masse an Volumen zunimmt.
- **Backen –** Durch trockene Hitze garen, meist im Backofen.
- **Dünsten –** In wenig heißem Fett garen.
- **Einfetten –** Eine Backform mit einer dünnen Fettschicht bedecken, damit der Teig nicht kleben bleibt.
- **Erkalten lassen –** Ein heißes Gericht auf Raumtemperatur abkühlen lassen, aber nicht in den Kühlschrank geben.
- **Flaumig rühren –** Mit einem Löffel oder Handrührgerät rühren, bis die Masse weich und cremig ist.
- **Grillen –** Durch direkte Hitze garen, meist in einem Grill oder Backofen.
- **Hacken –** Mit einem Messer, einem speziellen Hackmesser oder einer Schere in kleine Stücke schneiden.
- **Kneten –** Teig mit den Handballen bearbeiten und drücken.
- **Köcheln lassen –** In Flüssigkeit bei geringer Hitze langsam garen.

Kochen – In Flüssigkeit bei Kochtemperatur garen.

Mischen – Zutaten, meist durch Rühren, vermischen.

Reiben – Lebensmittel (wie Käse oder Möhren) auf einem Reibeisen zerkleinern.

Rühren – Zutaten mit kreisender Bewegung mischen, bis sie gut vermischt sind oder eine gleichmäßige Konsistenz aufweisen.

Schlagen – Durch kräftiges Rühren mit einem Kochlöffel, Schneebesen oder elektrischen Handrührgerät Luft einarbeiten.

Überbrühen – In kochendes Wasser tauchen.

Unterarbeiten – Beim Backen Butter oder Margarine mit trockenen Zutaten (wie Mehl) mischen, meist mit der Küchenmaschine oder mit kühlen Händen, bis die Mischung krümelig ist.

Unterrühren – Eine Zutat vorsichtig und gründlich unter die andere(n) mischen.

Unterziehen – Neue Zutaten vorsichtig unter eine aufgeschlagene Mischung rühren. Dabei führt man den Löffel, Schneebesen oder die Gabel langsam in der Mitte der Rührschüssel bis zum Boden, dann am Boden entlang zum Rand, hinauf und nahe an der Oberfläche wieder zurück.

Vorheizen – Den Backofen mindestens zehn Minuten vor dem Backvorgang einschalten, damit er die gewünschte Temperatur erreicht.

Würfelig schneiden – In kleine, gleich große Würfel schneiden.

ANMERKUNG ZU DEN REZEPTEN

Jedes Rezept enthält eine Analyse des Nährwertes pro Portion. Wird eine Zutat mit zwei Werten angegeben, so richtet sich die Analyse nach dem kleinsten Wert. Werden für die Anzahl der Portionen zwei Werte angegeben, richtet sich die Analyse nach dem größten Wert. Stehen mehrere Zutaten zur Auswahl, geht die Analyse von der zuerst angeführten Zutat aus. Der Nährwert von Lebensmitteln schwankt je nach Marke oder Art. Zusätzliche Zutaten, die nach Wunsch hinzugefügt werden können, oder solche ohne Mengenangaben werden in der Analyse nicht berücksichtigt.
Die in den USA übliche Mengenangabe in Tassen wurde – wo angebracht – in Gramm umgerechnet. (Anm. d. Red.)

FRÜHSTÜCK

An den meisten Tagen braucht man morgens vor der Schule nicht mehr als einen Frühstücksriegel oder eine Schüssel Zerealien. Wenn dir der Sinn nach mehr steht, findest du in diesem Kapitel reichlich Rezepte, die dich morgens »auf Touren bringen«.

Bei einem sportlichen Wettkampf oder einer Prüfung kann eine gute Nährstoffversorgung entscheidend zum Erfolg beitragen. Die Rezepte in diesem Kapitel reichen von einem kohlenhydratreichen Reispudding bis zu einem eleganten Fruchtsalat, der sich bestens für den Sonntagsbrunch eignet. Viele Rezepte kannst du in der Freizeit am Wochenende vorbereiten und dann für die ganze Woche aufbewahren.

Sommer ist die Jahreszeit schlechthin für frisches Obst. Nur weil du in den warmen Sommermonaten bis Mittag schläfst, musst du nicht auf das Frühstück verzichten! Lehnen wir uns genüsslich zurück und genießen den Kaffeeduft, oder aber packen wir etwas Leckeres in unsere Taschen und ab ins Freie! Wie auch immer, dieses Kapitel bietet verlockende Frühstücksrezepte.

PFANNKUCHEN, MUFFINS, FRÜHSTÜCKSRIEGEL UND MEHR

Buttermilch-Pfannkuchen

Riesen-Fruchtwaffeln

Einfaches Frühstück mit mürben Brötchen

Orangen-Moosbeer-Mandel-Knusperriegel

Kleie-Muffins

Nathans Heidelbeer-Frühstücks-Muffins

Eierkuchen mit Früchten

BUTTERMILCH-PFANNKUCHEN

Es gibt nichts Schöneres, als an einem kalten Wintermorgen aufzuwachen und einen Teller voller dampfender Pfannkuchen zu genießen. Ich esse Pfannkuchen, seit ich denken kann, und diese hier liegen nicht so schwer im Magen wie andere. Die Säure der Buttermilch gibt einen guten Kontrast zum süßen Sirup, schmeckt himmlisch!

Der Pfannkuchenteig wirkt zunächst ziemlich dick, aber bitte dennoch keine Buttermilch mehr zugeben, sonst werden die Pfannkuchen beim Backen zu flach. Man kann sie einfach mit geschnittenen Beeren garnieren, gehackte Pekannüsse im Teig machen die Pfannkuchen lecker knusprig.

2 bis 3 Portionen

1 Tasse Buttermilch
2 EL Rapsöl
1 großes Ei
1/2 TL Natron
1 TL Backpulver
1 EL Zucker
1/2 TL Salz
1 Tasse Universalmehl*
2 EL Kleieflocken oder Weizenkeime
Butter für die Pfanne
Ahornsirup

* Das am vielseitigsten verwendbare Haushaltsmehl im deutschsprachigen Raum ist Weizenmehl Typ 550. (Anm. d. Red.)

1 Pfanne auf mittlerer Stufe erhitzen. In einem Halbliter-Messbecher Buttermilch, Öl und Ei gut miteinander verschlagen.

2 In einer kleinen Rührschüssel Natron, Backpulver, Zucker, Salz, Mehl und Kleieflocken oder Weizenkeime mischen. Die flüssigen Zutaten zu den trockenen gießen und gut verrühren.

3 Die Pfanne leicht einfetten. Pro Pfannkuchen etwa 1/4 des Teiges in die Pfanne gießen. Sobald die Oberfläche Blasen aufwirft und die Ränder durch sind, Pfannkuchen wenden.

4 Backen, bis die Unterseite leicht gebräunt ist, 2 bis 3 Minuten, mit Ahornsirup servieren.

Für Semi-Vegetarier und Ovo-Lacto-Vegetarier.
Pro Portion: 304,96 kcal; 8,16 g Eiweiß; 11,98 g Fett;
41,13 g Kohlenhydrate; 73,74 mg Cholesterin; 766,85 mg Natrium;
2,33 mg Eisen; 110,1 mg Kalzium; 0,35 µg Vitamin B_{12}; 0,92 mg Zink.

RIESEN-FRUCHTWAFFELN

Wer von uns hat nicht schon des Öfteren Waffeln zum Frühstück gegessen! Aber wetten, dass diese hier es locker mit allen abgepackten Waffeln aufnehmen? Waffeln mit Weizenkeimen sind ein ausgezeichneter Kohlenhydratlieferant, ein perfektes Frühstück für alle, deren Tag mit einer Turnstunde beginnt.
Übrige Waffeln kann man in einem Tiefkühlbeutel einfrieren und später für zwischendurch oder für ein unkompliziertes Frühstück aufwärmen.

5 Portionen (18 cm-Waffeln)

- 1/4 Tasse Butter oder Margarine, geschmolzen, plus ein wenig zum Einfetten des Waffeleisens
- 2 große Eier, getrennt
- 2 Tassen Buttermilch
- 2 Tassen Universalmehl
- 1 TL Natron
- 1/2 TL Salz
- Weizenkeime zum Bestreuen (nach Wunsch)
- Erdbeeren, Bananen, Pfirsiche oder anderes Obst zum Garnieren (nach Wunsch)
- Schlagsahne zum Garnieren (nach Wunsch)

1. Waffeleisen vorheizen. In einer kleinen Rührschüssel Butter oder Margarine und Eidotter verrühren. Buttermilch zugießen und beiseite stellen.
2. In einer mittelgroßen Rührschüssel Mehl, Natron und Salz gut mischen und beiseite stellen.
3. In einer kleinen Rührschüssel die Eiweiße mit dem Schneebesen oder dem Handrührgerät steif schlagen; beiseite stellen.

4 Die Buttermilch-Mischung zur Mehlmischung geben und gut verrühren. Eiweiße unterziehen.

5 Waffeleisen einfetten und 1/2 bis 2/3 Tasse Teig pro Waffel eingießen. Backen, bis sie gebräunt sind.

6 Heiß servieren, mit Weizenkeimen bestreuen und mit Früchten und Schlagsahne garnieren, falls gewünscht.

Für Semi-Vegetarier und Ovo-Lacto-Vegetarier.
Pro Portion: 332,78 kcal; 10,99 g Eiweiß; 12,56 g Fett; 43,1 g Kohlenhydrate; 113,29 mg Cholesterin; 709,16 mg Natrium; 2,68 mg Eisen; 133,94 mg Kalzium; 0,43 µg Vitamin B_{12}; 0,99 mg Zink.

EINFACHES FRÜHSTÜCK MIT MÜRBEN BRÖTCHEN

Dieses Frühstück war immer mein Lieblingsfrühstück. Mit dem richtigen Mehl gehen die Brötchen schön auf und werden locker und luftig. Es lohnt sich also, einige Sorten auszuprobieren. Die Brötchen lassen sich gut in der Mikrowelle aufwärmen, Reste können daher eingefroren werden. Wer will, kann auch die doppelte Menge backen und für später einfrieren.

4–6 Portionen

- 2 Tassen Weizenmehl
- 2 TL Backpulver
- 120 g kalte Butter
- 3/4 Tasse Buttermilch
- Eier (nach Wunsch)
- Vegetarische Frikadellen (nach Wunsch)
- Einige Scheiben Käse (nach Wunsch)

1 Backofen auf 220° C vorheizen. Das Mehl mit dem Backpulver in eine mittelgroße Rührschüssel geben. Die Butter mit einem scharfen Messer in kleine Stücke schneiden. Butter zum Mehl geben und mit der Küchenmaschine oder mit kalten Händen gut abbröseln.

2 Die Buttermilch zugießen. Mit einem großen Löffel gut durchrühren.

3 Den Teig auf eine bemehlte Fläche geben. Vorsichtig 3- bis 4-mal durchkneten und etwa 2 cm dick ausrollen. Mit einer Ausstechform von etwa 7,5 cm Kreise ausstechen und auf ein ungefettetes Backblech legen. Den restlichen Teig zusammenkneten, neu ausrollen und die übrigen Brötchen ausstechen.

4 Im vorgeheizten Backofen 12–15 Minuten – oder bis sie leicht gebräunt sind – backen.

5 In der Zwischenzeit, falls gewünscht, die Eier und die Frikadellen braten und den Käse in Scheiben schneiden. Die fertigen Brötchen noch heiß aufschneiden und sofort jeweils 1 Ei, 1 Frikadelle und 1 Scheibe Käse hineingeben. Sofort servieren.

6 Übrige Brötchen einfrieren. Zum Aufwärmen für etwa 30 Sekunden auf höchster Stufe in die Mikrowelle geben (pro Stück).

Für Semi-Vegetarier und Ovo-Lacto-Vegetarier.

Pro Portion: 295,51 kcal; 5,3 g Eiweiß; 16,9 g Fett; 32,39 g Kohlenhydrate; 42,5 mg Cholesterin; 563,4 mg Natrium; 1,99 mg Eisen; 180,8 mg Kalzium; 0,09 µg Vitamin B_{12}; 0,4 mg Zink.

Orangen-Moosbeer-Mandel-Knusperriegel

Ungebackene Knusperriegel sind leicht herzustellen und erinnern mich immer an die Köstlichkeiten, die wir früher bei den Pfadfindern machten. Die säuerlichen Moosbeeren bringen ein wenig Würze in den Tag, die Knusperriegel lassen sich leicht für unterwegs in der Tasche verstauen.

6 Portionen

60 g Butter
4 Tassen Mini-Marshmallows
1/4 Tasse Tiefkühl-Orangensaftkonzentrat, aufgetaut
1 Tasse getrocknete Moosbeeren
1/2 Tasse Mandelblättchen
5 Tassen Multivitamin-Mehrkornflocken (z. B. Kellogg's Just Right)
1/4 Tasse geröstete Weizenkeime
Wenig Fett für die Form

1 In einem für die Mikrowelle geeigneten 2-Liter-Gefäß die Butter und die Marshmallows 2 Minuten auf höchster Stufe erhitzen. Orangensaftkonzentrat einrühren und noch 1 Minute auf höchster Stufe erhitzen. Glatt rühren.

2 In einer großen Rührschüssel die Moosbeeren, Mandeln, Flocken und Weizenkeime mischen. Die Marshmallow-Mischung dazugießen und gründlich durchrühren.

3 Eine gläserne Backform von etwa 20 x 30 cm leicht einfetten. Die Mischung in die Form geben und mit feuchten Händen gleichmäßig verteilen und andrücken. Gut durchkühlen (etwa 20 Minuten) und in 6 gleich große Stücke von etwa 15 x 7 cm schneiden.

Für Semi-Vegetarier, Ovo-Lacto-Vegetarier und Lacto-Vegetarier.
Pro Portion: 401,15 kcal; 6,16 g Eiweiß; 12,86 g Fett; 68,5 g Kohlenhydrate; 20,71 mg Cholesterin; 196,64 mg Natrium; 15,66 mg Eisen; 34,62 mg Kalzium; 5,01 µg Vitamin B_{12}; 13,6 mg Zink.

KLEIE-MUFFINS

Kleie-Muffins gehören zu den gesünderen Muffins und schmecken außerdem großartig! Kleie ist reich an Ballaststoffen, die wichtig für die Verdauung sind. Dieses Rezept kannst du gut auf Vorrat zubereiten. Der Teig hält sich, wenn man ihn gut zudeckt, im Kühlschrank bis zu 4 Tage, übrige Muffins kann man gut einfrieren. Ich esse meine Muffins am liebsten mit Erdbeermarmelade oder Honig; pur schmecken sie aber ebenso gut.

12 Portionen (24 Muffins mit 6 cm Durchmesser)

2½ Tassen Weizenvollkornmehl
2½ TL Natron
½ TL Salz
2½ Tassen Kleieflocken
1¼ Tassen kochendes Wasser
½ Tasse Butter oder Margarine, geschmolzen
1 Tasse Zucker
¼ Tasse Weizenkeime
2 große Eier, verschlagen
2 Tassen Buttermilch

1 Backofen auf 190° C vorheizen. In einer mittelgroßen Rührschüssel das Weizenvollkornmehl, Natron und Salz mischen und beiseite stellen; in einer großen Rührschüssel die Kleieflocken mit dem Wasser verrühren und etwas abkühlen lassen.

2 Butter oder Margarine, Zucker, Weizenkeime, Eier und Buttermilch zu den Kleieflocken geben und gut verrühren. Dann das Mehl dazugeben und durchrühren.

3 Papierförmchen in die Vertiefungen einer Muffin-Form stellen oder diese leicht einfetten. Jede Vertiefung zu drei Vierteln mit Teig füllen. Im vorgeheizten Backofen 20 Minuten – oder bis sie leicht gebräunt sind – backen.

Für Semi-Vegetarier und Ovo-Lacto-Vegetarier.
Pro Portion: 261,17 kcal; 7,17 g Eiweiß; 9,05 g Fett; 42,9 g Kohlenhydrate; 22,14 mg Cholesterin; 491,93 mg Natrium; 1,96 mg Eisen; 65,15 mg Kalzium; 0,11 µg Vitamin B_{12}; 1,75 mg Zink.

NATHANS HEIDELBEER-FRÜHSTÜCKS-MUFFINS

Eines Nachmittags machte ich gerade diese Heidelbeer-Muffins, als mir einfiel, dass ich den Abend als Babysitter bei Nathan verbringen würde. Also beschloss ich, meinem liebsten Dreijährigen einige Muffins mitzubringen. Ich war kaum aus dem Auto gestiegen, da hatte Nathan schon den Teller entdeckt und rief: »Muffins!« Und sehr bald verlangte er mit verschmiertem Gesicht »noch ein Muffin«.
Egal, ob man versucht, den Hunger eines Dreijährigen zu stillen, oder ob man einfach nur ein warmes, schmackhaftes Frühstück möchte, dieses Rezept eignet sich bestens. Besonders fruchtig schmeckt es mit einigen getrockneten Heidelbeeren. Übrig gebliebene Muffins kann man gut einfrieren. Den Teig nicht zu lange rühren, sonst bekommen die Muffins Dellen und Löcher.

9 Portionen (18 Muffins zu 6 cm)

120 g zimmerwarme Butter
1 Tasse Zucker
2 Eier
1 TL Vanilleextrakt
1¾ Tassen Universalmehl
1 TL Natron
1 Prise Salz
1 TL Backpulver
1½ Tassen Sauerrahm
160 g frische oder gefrorene Heidelbeeren (nicht auftauen)

1 Backofen auf 180° C vorheizen. In einer großen Rührschüssel Butter und Zucker schaumig rühren. Die Eier einzeln unterrühren. Vanille zufügen und beiseite stellen.

2 In einer mittelgroßen Rührschüssel das Mehl, Natron, Salz und Backpulver mischen. Abwechselnd die Mehlmischung und 1 Tasse Sauerrahm zur Buttermischung geben. Zum Schluss die Heidelbeeren unterziehen.

3 Papierförmchen in die Vertiefungen einer Muffin-Form stellen oder diese leicht einfetten. Jede Vertiefung zu drei Vierteln mit Teig füllen. Noch vor dem Backen 1 TL Sauerrahm oben auf jedes Muffin setzen.

4 Im vorgeheizten Backofen 20 bis 30 Minuten – oder bis sie leicht gebräunt sind – backen. Die Muffins können noch warm gegessen oder in einem luftdichten Behälter bis zu 3 Tage aufbewahrt werden.

Für Semi-Vegetarier und Ovo-Lacto-Vegetarier.
Pro Portion: 374,17 kcal; 5,32 g Eiweiß; 19,69 g Fett; 44,92 g Kohlenhydrate; 91,86 mg Cholesterin; 203,06 mg Natrium; 1,37 mg Eisen; 57,76 mg Kalzium; 0,24 µg Vitamin B_{12}; 0,43 mg Zink.

Eierkuchen mit Früchten

Dieser Eierkuchen ist ein Pfannkuchenteig, der im Backofen gebacken wird. Wer mag, kann ihn mit Ahornsirup, Beerenmarmelade oder Apfelgelee garnieren.
Die Pfanne muss gründlich erhitzt werden, bevor du den Teig eingießt, sonst bleibt der Eierkuchen an den Rändern »sitzen«. Keine Sorge, wenn sich beim Backen in der Mitte ein Buckel bildet, er fällt beim Abkühlen wieder ein!

4 Portionen

3 große Eier
3 EL Kristallzucker
1 Prise Salz
1 Tasse Milch
1 Tasse Universalmehl
2 EL Butter
Marmelade, Sirup oder Apfelgelee zum Bestreichen
Puderzucker zum Bestreuen
250 g frisches Obst (frische Beeren oder Apfelscheiben, mit Zimt und Zucker bestreut) zum Belegen

1 Backofen auf 220° C vorheizen, dabei eine Gusseisenpfanne mit etwa 25 cm Durchmesser hineinstellen. Die Pfanne muss mindestens 10 Minuten erhitzt werden, bevor man den Teig eingießt.

2 Sobald die Pfanne heiß ist, gibt man rasch Eier, Zucker und Salz in die Schüssel der Küchenmaschine und rührt sie 3 Sekunden durch. Bei laufendem Motor durch den Einfüllstutzen die Milch zugießen, dann das Mehl dazugeben. 3 Sekunden durchrühren.

3 Pfanne aus dem Backofen nehmen und die Butter darin schmelzen lassen. Den Teig in die heiße Butter gießen, die Pfanne wieder in

den Backofen stellen. 25 bis 30 Minuten backen, bis der Eierkuchen schön gebräunt ist.

4 Den heißen Eierkuchen mit Marmelade oder Sirup bestreichen, mit Puderzucker bestreuen und mit frischen Früchten belegen. Den Eierkuchen in 4 Stücke teilen und sofort servieren.

Für Semi-Vegetarier und Ovo-Lacto-Vegetarier.

Pro Portion: 317,54 kcal; 10,36 g Eiweiß; 11,19 g Fett; 44,27 g Kohlenhydrate; 179,49 mg Cholesterin; 140,26 mg Natrium; 2,13 mg Eisen; 102,54 mg Kalzium; 0,61 µg Vitamin B_{12}; 0,94 mg Zink.

FRUCHT-SMOOTHIES UND FRÜHSTÜCKS-GETRÄNKE

»Beeriger« Smoothie

Rubinroter Smoothie

Tofu-Frucht-Smoothie

Bananen-Pekan-Soja-Smoothie

Chai-Tee-Latte

Französischer Mokka

»BEERIGER« SMOOTHIE

Ein Beeren-Smoothie ist ein sehr schnelles, wohlschmeckendes Trinkfrühstück. Mit frischen Beeren schmeckt er am besten, aber tiefgekühlte sind auch gut. Zur Beerenzeit einen Vorrat für später einfrieren!

2 Portionen

1/2 l fettarmer, gefrorener Vanillejoghurt
300 g Erdbeeren, Himbeeren, Heidelbeeren und/oder Brombeeren
3/4 Tasse Magermilch oder Sojadrink

1. Alle Zutaten in den Mixer geben.
2. Abdecken und 30 bis 40 Sekunden durchmixen, bis die Mischung glatt ist.
3. In Gläser gießen und sofort servieren.

Für Semi-Vegetarier, Ovo-Lacto-Vegetarier und Lacto-Vegetarier.
Pro Portion: 291,56 kcal; 12,84 g Eiweiß; 4,19 g Fett; 52,91 g Kohlenhydrate; 13,9 mg Cholesterin; 165,98 mg Natrium; 0,83 mg Eisen; 442,65 mg Kalzium; 1,28 µg Vitamin B_{12}; 2,07 mg Zink.

RUBINROTER SMOOTHIE

Wer in Eile ist, bevorzugt Rezepte wie dieses. Alles kommt gleichzeitig in den Mixer, aufzuräumen ist fast nichts, das meiste landet im Geschirrspüler. Der säuerliche Grapefruit-Saft enthält reichlich Vitamin A und C, die der Haut und den Augen gut tun.

1–2 Portionen

3/4 Tasse Grapefruit-Saft, frisch oder Konzentrat
4 große Erdbeeren, frisch oder tiefgekühlt
1 reife Bananen, in Stücken
170 g Erdbeer-Bananen-Joghurt
1 EL Honig
1/2 Tasse zerkleinerte Eiswürfel

1. Alle Zutaten in den Mixer geben und mischen. Auf hoher Stufe laufen lassen, bis die Früchte flüssig sind und alle Eisstücke verschwunden sind, etwa 45 Sekunden.
2. In Gläser gießen und sofort servieren.

Für Semi-Vegetarier, Ovo-Lacto-Vegetarier und Lacto-Vegetarier.
Pro Portion: 235,36 kcal; 4,79 g Eiweiß; 1,49 g Fett; 54,42 g Kohlenhydrate; 5,62 mg Cholesterin; 45,48 mg Natrium; 0,58 mg Eisen; 130,49 mg Kalzium; 0,34 µg Vitamin B_{12}; 0,23 mg Zink.

Tofu-Frucht-Smoothie

Tofu-Smoothies sind eine Extraportion Eiweiß zum Frühstück. Da manche Vegetarier davon ohnehin zu wenig bekommen, sind sie eine einfache und köstliche Möglichkeit, dem vorzubeugen.
Tofu gibt es in verschiedenen Konsistenzen, ich finde, dass Seidentofu am besten für Smoothies geeignet ist. Tofu nimmt den Geschmack der anderen Zutaten an, du kannst ihn also getrost als Extraportion Eiweiß in dein Lieblings-Smoothie geben, ohne auch nur etwas davon zu merken.

3 Portionen

1/8 l Seidentofu
80 g frische oder tiefgekühlte Erdbeeren
1 mittelgroßer Pfirsich, geschält
1/2 reife Banane
1/2 Tasse Orangensaft
2 EL Honig
1 1/2 Tassen zerkleinerte Eiswürfel

1. Tofu, Erdbeeren, Pfirsich, Banane, Orangensaft und Honig in den Mixer geben. Auf hoher Stufe mixen, bis die Früchte gut vermischt sind, etwa 30 Sekunden. Eiswürfel dazugeben und auf hoher Stufe etwa 30 Sekunden mixen, bis eine cremige Masse entsteht.
2. In Gläser gießen und sofort servieren.

Für alle Arten von Vegetariern.
Pro Portion: 123,61 kcal; 2,89 g Eiweiß; 1,41 g Fett; 27,05 g Kohlenhydrate; 0 Cholesterin; 3,48 mg Natrium; 0,67 mg Eisen; 24,38 mg Kalzium; 0 Vitamin B_{12}; 0,38 mg Zink.

Bananen-Pekan-Soja-Smoothie

Wenn du gerne Bananenbrot ist, wirst du auch diesen kühlen, erfrischenden Smoothie mögen! Er schmeckt genauso nussig wie Bananenbrot, geht aber viel schneller. Die Bananenstücke müssen mindestens eine Stunde vor der Zubereitung in den Tiefkühlschrank gegeben werden.

1–2 Portionen

1 Banane, geschält, in Scheiben geschnitten und eingefroren
2/3 Tasse fettarmer (1 %) Sojadrink, kalt
40 g Pekannuss-Stücke
1 EL Honig
1/2 TL Vanilleextrakt
2/3 Tasse Eiswürfel

1. Alle Zutaten in den Mixer geben. Mixen, bis eine glatte Masse entsteht, etwa 1 Minute.
2. In Gläser gießen und sofort servieren.

Für alle Arten von Vegetariern.
Pro Portion: 247,58 kcal; 3,7 g Eiweiß; 13,8 g Fett; 30,12 g Kohlenhydrate; 0 Cholesterin; 32,94 mg Natrium; 0,61 mg Eisen; 30,96 mg Kalzium; 0 Vitamin B_{12}; 1,11 mg Zink.

CHAI-TEE-LATTE

Tee enthält vielleicht nicht so viel Koffein wie Kaffee, das herrliche Aroma dieses Getränkes macht aber genauso schnell munter wie ein doppelter Espresso! Die erste Schulstunde wird ein wenig erträglicher, wenn man den Tee in einer Thermoskanne mit zur Schule nimmt. Wer eine Espresso-Maschine besitzt, spart sich den Mixer und das Aufwärmen in der Mikrowelle und schäumt das Getränk einfach mit der Espresso-Maschine auf.

1 Portion

- 2/3 Tasse heißer, starker Schwarztee
- 2 EL Vollmilch
- 2 EL Kaffeesahne oder Schlagsahne
- 2 TL Honig
- 1 Prise gemahlener Zimt
- 1 Prise gemahlener Muskat
- 1 Prise gemahlener Ingwer

1. Alle Zutaten in den Mixer geben und kurz schaumig schlagen.
2. Die Mischung in einen Becher gießen und in der Mikrowelle auf höchster Stufe erhitzen, etwa 45 Sekunden. Sofort servieren.

Für Semi-Vegetarier, Ovo-Lacto-Vegetarier und Lacto-Vegetarier.
Pro Portion: 106,1 kcal; 2,07 g Eiweiß; 4,02 g Fett; 15,2 g Kohlenhydrate; 19,15 mg Cholesterin; 35,39 mg Natrium; 0,11 mg Eisen; 67,14 mg Kalzium; 0,11 µg Vitamin B_{12}; 0,18 mg Zink.

Französischer Mokka

In meinem ersten Jahr an der High School wurde mir rasch klar, dass mir der frühmorgendliche Unterricht viel leichter fiel, wenn ich eine Tasse Kaffee getrunken hatte. Dieser Mokka ließ mich die ganze Französisch-Stunde mit Aufmerksamkeit verfolgen, enthielt aber nicht so viel Koffein, dass er später einen Durchhänger ausgelöst hätte.
Wer lieber geeiste Getränke mag, spart sich das Aufwärmen. Man kann auch alles nur mischen und Eis dazugeben. *C'est très bon!*

1 Portion

1 Tasse sehr heißer starker Kaffee
2 EL Milch
1 TL Schokoladensirup

1. Alle Zutaten in eine Kaffeetasse gießen und gut umrühren. Noch Schokolade oder Milch nach Geschmack zugeben. Eventuell in der Mikrowelle erhitzen.
2. Sofort servieren.

Für Semi-Vegetarier, Ovo-Lacto-Vegetarier und Lacto-Vegetarier.
Pro Portion: 64,34 kcal; 1,6 g Eiweiß; 1,19 g Fett; 13,41 g Kohlenhydrate; 4,15 mg Cholesterin; 37,68 mg Natrium; 0,53 mg Eisen; 43,66 mg Kalzium; 0,11 µg Vitamin B_{12}; 0,3 mg Zink.

OBST, ZEREALIEN UND KUCHEN

Dreifarbiges Frühstücks-Parfait

Cremiger Reispudding mit Schokolade

Granola-Bratäpfel

Traditioneller Sauerrahm-Kuchen

Gefrorene Fruchtbecher

Saftiger Fruchtsalat

DREIFARBIGES FRÜHSTÜCKS-PARFAIT

Dieses schnelle und einfache Frühstück eignet sich bestens für Tage, an denen es ein wenig hektisch zugeht. Mit Himbeeren schmeckt das Parfait himmlisch, wie Himbeer-Käse-Kuchen. Wer keine Himbeeren vorrätig hat, nimmt einfach andere frische oder tiefgekühlte Beeren. Endlich ein süßes Frühstück, mit dem auch die Eltern einverstanden sind!

1 Portion

1 Becher (225 g) fettarmer Vanillejoghurt
1/2 Tasse Granola ohne Rosinen
80 g frische Himbeeren oder aufgetaute Tiefkühlhimbeeren, Blaubeeren oder Erdbeeren (ohne Zucker- oder Sirupzusatz)
1 Beere als Garnitur
Minze zum Garnieren (nach Wunsch)

1. Ein Drittel des Joghurts in ein hohes Glas geben.
2. Darüber kommt 1/4 Tasse Granola und dann die Hälfte der Früchte.
3. Nun folgt jeweils die zweite Schicht Joghurt, Granola und Früchte. Den Abschluss bildet das letzte Drittel Joghurt und darauf als Garnierung eine Beere und die Minze, falls gewünscht. Sofort servieren.

Für Semi-Vegetarier, Ovo-Lacto-Vegetarier und Lacto-Vegetarier.
Pro Portion: 414,87 kcal; 15,87 g Eiweiß; 6,07 g Fett; 78 g Kohlenhydrate; 11,11 mg Cholesterin; 269,28 mg Natrium; 2,33 mg Eisen; 421,87 mg Kalzium; 2,71 µg Vitamin B_{12}; 5,95 mg Zink.

Cremiger Reispudding mit Schokolade

Für Naschkatzen ist dieses Rezept ein besonders guter Start in den Tag! Schokolade und Orangenschale verleihen dem Reispudding ein besonderes Aroma, er ist eine nette Abwechslung zu den üblichen Frühstücksflocken. Ich bereite den Pudding gerne am Vorabend vor, wenn ich zum Abendessen Reis koche. Er muss nicht gebacken werden, das Aufräumen macht also nicht viel Arbeit.

4 Portionen

- 450 g weicher Tofu
- 1/4 Tasse Creme-Tofu
- 1 Tasse Puderzucker
- 1 TL gemahlener Zimt
- 1 TL frischer Zitronensaft
- 2 EL gehacktes Zitronat oder Rosinen
- 1 TL abgeriebene Orangenschale
- 40 g dunkle Schokolade, fein gehackt
- 4 Tassen gekochter weißer oder brauner Reis

1 Tofu in der Küchenmaschine pürieren, bis er nicht mehr körnig ist. Creme-Tofu dazugeben und glatt rühren. Zucker, Zimt und Zitronensaft zufügen und kurz verrühren. Die Tofu-Mischung in eine mittelgroße Schüssel geben.

2 Nun Zitronat oder Rosinen, Orangenschale, Schokolade und Reis mit einem Löffel einrühren. Luftdicht abdecken und vor dem Servieren mindestens 2 Stunden in den Kühlschrank stellen.

Für alle Arten von Vegetariern.

Pro Portion: 535,02 kcal; 10,38 g Eiweiß; 10,32 g Fett; 100,49 g Kohlenhydrate; 0 Cholesterin; 127,41 mg Natrium; 3,94 mg Eisen; 53,89 mg Kalzium; 0 Vitamin B_{12}; 1,36 mg Zink.

GRANOLA-BRATÄPFEL

Dieses Rezept stammt aus meinem Hauswirtschaftsunterricht, als wir in der siebten Klasse das Kapitel Frühstück behandelten. Und was haben wir darüber gelernt? Bratäpfel sind nicht teuer, in der Mikrowelle schnell fertig und machen auch hinterher nicht viel Arbeit. Dieses Rezept ist gut, wenn man es eilig hat oder einfach etwas Leckeres, Warmes braucht.

1 Portion

1 Apfel (Golden Delicious, Red Delicious etc.)
1 EL Granola, etwas zerdrückt
2 TL brauner Zucker
1 TL Margarine

1. Das Kerngehäuse des Apfels ausstechen und in der Mitte rundum etwa 2,5 cm abschälen.
2. Den Apfel in ein kleines, für die Mikrowelle geeignetes Gefäß legen. Granola, braunen Zucker und Margarine in den Apfel füllen.
3. Mit Mikrowellenfolie abdecken und auf höchster Stufe etwa 3 Minuten garen. Die Garzeit variiert je nach Apfel, Größe und Leistung des Mikrowellenherdes.

Für Semi-Vegetarier, Ovo-Lacto-Vegetarier und Lacto-Vegetarier.
Pro Portion: 163,21 kcal; 1,58 g Eiweiß; 5,66 g Fett; 29,98 g Kohlenhydrate; 0 Cholesterin; 52,49 mg Natrium; 0,77 mg Eisen; 19,51 mg Kalzium; 0 Vitamin B_{12}; 0,46 mg Zink.

Traditioneller Sauerrahm-Kuchen

Dieser saftige Kuchen schmeckt zum Sonntagsfrühstück und bleibt darüber hinaus noch die ganze Woche frisch. Ein Stück Kuchen abgeschnitten, ein Stück Obst dazu und fertig ist das Frühstück. Da dieses Rezept einige Portionen abgibt, darf's ruhig auch zwischendurch noch ein Stück sein, übrige Stücke kann man gut einfrieren.

14–16 Portionen

3 EL zerlassene Butter für die Füllung
120 g weiche Butter oder Margarine
3/4 Tasse Kristallzucker
3 große Eier
1 TL Vanilleextrakt
2 Tassen Universalmehl
1/8 TL Salz
1 TL Natron
1 TL Backpulver
1 Tasse Sauerrahm
1 1/4 Tassen brauner Zucker
2 TL gemahlener Zimt
130 g gehackte Walnüsse

1 Backofen auf 180° C vorheizen. Eine 25-cm-Gugelhupfform leicht einfetten und bemehlen. In einer großen Rührschüssel mit dem Handrührgerät die Margarine oder Butter und den Kristallzucker schaumig rühren. Eier und Vanille einrühren.

2 In einer mittelgroßen Schüssel Mehl mit Salz, Natron und Backpulver mischen. Abwechselnd die Mehlmischung und den Sauerrahm zur Zuckermischung geben, dabei jeweils mit dem Mehl beginnen, das Rührgerät auf niedriger Stufe laufen lassen, bis eine homogene Masse entsteht.

3 Für Füllung und Überzug in einer kleinen Schüssel den braunen Zucker, die zerlassene Butter oder Margarine, Zimt und Walnüsse verrühren.

4 Die Hälfte des Teiges in der eingefetteten Gugelhupfform verteilen. Mit der Hälfte der Zucker-Nuss-Mischung bestreuen. Den restlichen Teig in die Form geben und mit der verbleibenden Zucker-Nuss-Mischung bestreuen.

5 Im vorgeheizten Backofen 40 bis 45 Minuten backen, mit einem Zahnstocher in der Mitte einstechen: Bleibt kein Teig mehr daran haften, ist der Kuchen fertig. 15 Minuten in der Form aufrecht stehend auskühlen lassen. Den Kuchen dann auf einen großen Teller oder eine Platte stürzen. Anschließend nochmals auf einen Kuchenteller stürzen, so dass der Überzug oben ist. Noch warm, mit Zimmertemperatur oder gekühlt servieren.

Für Semi-Vegetarier und Ovo-Lacto-Vegetarier.
Pro Portion: 322,03 kcal; 4,41 g Eiweiß; 16,56 g Fett; 40,5 g Kohlenhydrate; 46,23 mg Cholesterin; 230,28 mg Natrium; 1,5 mg Eisen; 51,79 mg Kalzium; 0,15 µg Vitamin B_{12}; 0,5 mg Zink.

GEFRORENE FRUCHTBECHER

Ein langes Wochenende kannst du dazu nützen, um diese Fruchtbecher vorzubereiten und für die Woche einzufrieren. In der Früh, gleich nach dem Aufwachen, holst du dir einen Fruchtbecher zum Auftauen aus dem Tiefkühlschrank, und bis du geduscht und angekleidet bist, wartet ein süßes, erfrischendes Frühstück auf dich. Mit traditionellem Sauerrahm-Kuchen (Seite 61 f.) oder mit einer Schale warmer Zerealien servieren.

4–5 Portionen

1 Dose (550 g) Ananasstücke, mit Saft
1 Packung (275 g) Tiefkühlerdbeeren, aufgetaut
1 Dose (225 g) Fruchtcocktail, mit Saft
1 Tasse Tiefkühl-Orangensaftkonzentrat, aufgetaut
1 Tasse Tiefkühl-Zitronensaftkonzentrat, aufgetaut
2 mittelgroße, feste Bananen, würfelig geschnitten

1 In einer großen Schüssel alle Zutaten gut mischen. In Kunststoff-Portionsbecher oder Alu-Muffinförmchen gießen, jeweils zu drei Vierteln füllen und einfrieren.

2 Die Becher vor dem Servieren 30 bis 45 Minuten auftauen.

Für alle Arten von Vegetariern.
Pro Portion: 405,23 kcal; 2,89 g Eiweiß; 0,7 g Fett; 103,64 g Kohlenhydrate; 0 Cholesterin; 8,93 mg Natrium; 1,59 mg Eisen; 49,93 mg Kalzium; 0 Vitamin B_{12}; 0,43 mg Zink.

SAFTIGER FRUCHTSALAT

Dieser üppige, appetitliche Salat gibt ein herrliches Frühstück, Sonntagsbrunch oder Dessert. Ich bereite das Dressing für diesen Salat gerne am Vorabend vor und bewahre es im Kühlschrank auf. Übriges Dressing lässt sich als Dip für Obst verwenden oder dem Lieblings-Smoothie zugeben. Die Früchte können je nach Vorliebe und Saison ausgewählt werden.

4 Portionen

Für das Dressing:
1/3 Tasse Orangensaft
2 EL frisch gepresster Zitronensaft
1/4 Tasse Zucker
1 Prise Salz
2 Eidotter
3/4 Tasse Schlagsahne
Für den Salat:
600 g frisches Obst in mundgerechten Stücken
(etwa eine Mischung aus Wassermelone, Zuckermelone, Honigmelone, Ananas, Erdbeeren, Banane, Weintrauben, Orange, Apfel, Birne, Pfirsich etc.)

1 Für das Dressing in einem mittelgroßen, für die Mikrowelle geeigneten Gefäß Orangensaft, Zitronensaft, Zucker und Salz mischen und gut verrühren. Auf höchster Stufe 30 Sekunden in der Mikrowelle erhitzen. Eidotter einrühren. In der Mikrowelle auf höchster Stufe 1 Minute erhitzen. Glatt rühren. Eine weitere Minute auf höchster Stufe erhitzen und nochmals glatt rühren.

2 Das Dressing im Kühlschrank etwa 20 bis 30 Minuten durchkühlen, bis es dicklich wird. Inzwischen die Schlagsahne mit dem Handrührgerät auf höchster Stufe 1 bis 2 Minuten schlagen, bis sie schön steif ist.

3 Sobald das Dressing abgekühlt ist, die geschlagene Sahne unterziehen.

4 Den Fruchtsalat in eine große Servierschüssel geben. Das Dressing unter die Früchte ziehen. Sofort servieren.

Für Semi-Vegetarier und Ovo-Lacto-Vegetarier.
Pro Portion: 291,89 kcal; 3,43 g Eiweiß; 19,77 g Fett; 27,6 g Kohlenhydrate; 167,46 mg Cholesterin; 23,8 mg Natrium; 0,62 mg Eisen; 55,29 mg Kalzium; 0,34 µg Vitamin B_{12}; 0,49 mg Zink.

OMELETTES, TORTILLAS UND BURRITOS

Frühstück zum Mitnehmen

Chili-Käse-Omelettes

Erdnusscreme-Bananen-Tortillas

Frühstücks-Burritos

Tofu-Rührei

FRÜHSTÜCK ZUM MITNEHMEN

Frühstück für unterwegs? Wie wär's mit diesem Rezept? Etwas Rührei und ein bisschen Gemüse in ein Pitabrot, und schon kann es losgehen. Wer mit dem Auto fahren muss, wird begeistert sein, denn dieses Frühstück ist kompakt und kleckert nicht auf das Lieblingsoutfit! Wer Zeit hat, kann eine vegetarische Frikadelle braten oder mit scharfer Sauce ein wenig Pep hineinbringen.

1 Portion

- 1 EL Butter oder Margarine
- 1/2 kleine Tomate, entkernt und gehackt
- 2 EL grüner Paprika, gehackt
- 1/2 TL Worcestersauce
- 2 Eier
- 1/8 TL Salz
- 1/3 Tasse würziger Cheddar-Käse, gerieben
- 1 Vollkorn-Pitabrot (15 cm Durchmesser), so eingeschnitten, dass sich eine Tasche bildet
- 1/4 Tasse Alfalfa-Sprossen

1. In einer antihaftbeschichteten Pfanne mit 25 cm Durchmesser die Butter oder Margarine auf mittlerer Stufe schmelzen.
2. Tomate und grünen Paprika darin andünsten, dabei gelegentlich umrühren, etwa 3 Minuten, bis der Paprika weich wird.
3. In einer kleinen Schüssel Worcestersauce, Eier und Salz mit einer Gabel verschlagen. Eier über das Gemüse gießen.
4. Auf kleiner Hitze braten, bis die Eier stocken, aber noch feucht sind, etwa 3 bis 5 Minuten, dabei vorsichtig mit einem Holzlöffel rühren. Mit dem Käse bestreuen.
5. Das Pitabrot mit dem Rührei füllen, die Alfalfa-Sprossen darüber geben.

Für Semi-Vegetarier und Ovo-Lacto-Vegetarier.

Pro Portion: 585,1 kcal; 29,11 g Eiweiß; 35,26 g Fett; 41,67 g Kohlenhydrate; 465 mg Cholesterin; 1,140,99 mg Natrium; 3,79 mg Eisen; 337,04 mg Kalzium; 1,01 µg Vitamin B_{12}; 2,21 mg Zink.

CHILI-KÄSE-OMELETTES

Omelette – das klingt so kompliziert! Und dabei ist es so einfach, wenn man es nur einmal begriffen hat. Die Zubereitung eines guten Omelettes dauert nur 1 oder 2 Minuten, und man kann es auf vielfältige Weise füllen. Meine Lieblingsvariante ist Chili-Omelette, aber man kann es auch mit Obst, gebratenen Pilzen und Spinat, übrigem Gemüse vom Vortag oder anderen Dingen füllen. Der Kreativität sind also kaum Grenzen gesetzt.

1 Portion

2 große Eier
1 EL Milch
1 EL Butter
8 EL »echt scharfer Chili« (Rezept Seite 116f.), erwärmt
1/3 Tasse würziger Cheddar-Käse, gerieben
Salsa (nach Wunsch)
Sauerrahm (nach Wunsch)

1 In einer kleinen Rührschüssel Eier und Milch mit einer Gabel verschlagen, bis die Eidotter und Eiweiße gut verrührt sind.

2 Eine kleine Pfanne (etwa 18 cm Durchmesser) auf mittlerer Stufe erhitzen (etwa 2 Minuten). Die Butter gut in der heißen Pfanne verteilen. Sobald die Butter nicht mehr schäumt, aber noch bevor sie braun wird, die Eimischung eingießen.

3 Die Pfanne schwenken, so dass sich die Eimasse gleichmäßig in der Pfanne verteilt. Während des Bratens die gegarten Ränder des Omelettes immer wieder mit einem Spatel zur Mitte ziehen. Die Pfanne so schwenken, dass der noch flüssige Teil der Eimasse auf den Pfannenboden läuft. So lange wiederholen, bis keine flüssige Eimasse mehr vorhanden ist.

4 Während die Oberfläche noch feucht ist, das halbe Omelette mit Chili und der Hälfte des Käses bedecken. Die andere Hälfte des Omelettes mit dem Spatel über Chili und Käse klappen.

5 Die Pfanne vom Herd nehmen und das Omelette auf einen Teller gleiten lassen. Den restlichen Käse über das Omelette streuen. Mit Salsa und Sauerrahm garnieren, wenn gewünscht. Sofort servieren.

Für Semi-Vegetarier und Ovo-Lacto-Vegetarier.
Pro Portion: 485,14 kcal; 26,96 g Eiweiß; 36,53 g Fett; 15,61 g Kohlenhydrate; 498,24 mg Cholesterin; 841,57 mg Natrium; 2,98 mg Eisen; 383,98 mg Kalzium; 1,25 µg Vitamin B_{12}; 2,13 mg Zink.

Erdnusscreme-Bananen-Tortillas

Seit mein Vater mir in der ersten Klasse ein Brot mit Erdnusscreme und Bananen in die Hand drückte, bin ich danach geradezu süchtig. Natürlich war ich begeistert, als ich dieses Rezept entdeckte, bei dem meine Lieblingsfüllung nicht zwischen zwei Brotscheiben, sondern in eine Tortilla verpackt wird, die ich genüsslich zum Frühstück verzehre.

Diese Tortilla macht absolut keine Mühe. Sie eignet sich bestens für Leute wie mich, die vor Mittag nicht richtig wach sind und daher nicht mit gefährlichen Gegenständen (wie Gabeln) hantieren sollten. Dazu serviert man ein großes Glas Milch, denn die viele Erdnusscreme macht durstig.

1 Portion

1 Banane, in etwa 6 mm dicke Scheiben geschnitten
1/2 Tasse Granola
2 EL Vanillejoghurt
1 TL Honig
1 Weizenvollkorn-Tortilla (25–28 cm Durchmesser)
2 EL Erdnusscreme

1. In einer kleinen Schüssel Banane, Granola, Vanillejoghurt und Honig mischen.

2. Die Tortilla in der Mikrowelle auf höchster Stufe 10 bis 15 Sekunden erhitzen. Mit der Erdnusscreme bestreichen, dabei mindestens 2,5 cm Rand frei lassen.

3. Die Bananen-Granola-Mischung auf der unteren Hälfte der Tortilla verteilen, dabei mindestens 2,5 cm Rand frei lassen. Den rechten und den linken Rand der Tortilla über die Fülle zur Mitte hin einschlagen. Dann die untere Hälfte der Tortilla zur Mitte klappen und weiter bis zum Rand hin einrollen. Sofort servieren.

Für Semi-Vegetarier, Ovo-Lacto-Vegetarier und Lacto-Vegetarier.
Pro Portion: 705,4 kcal; 22,5 g Eiweiß; 32,16 g Fett; 97,54 g Kohlenhydrate; 1,5 mg Cholesterin; 355,66 mg Natrium; 4,29 mg Eisen; 124,51 mg Kalzium; 0,16 µg Vitamin B_{12}; 4,21 mg Zink.

FRÜHSTÜCKS-BURRITOS

Die klassischen Burritos sind mit weißem Frischkäse gefüllte Weizenmehl-Tortillas. Burritos kann man so kräftig und würzig füllen, wie man es zum Frühstück mag. Da die Fülle gut in der Tortilla verpackt ist, eignen sie sich bestens für das Frühstück unterwegs.

1 Portion

1 EL Pflanzenöl
2 EL Zwiebeln, gehackt
1 Tasse Tiefkühl-Rösti, grob zerkleinert
1 Ei, leicht verschlagen
1/4 Tasse Cheddar-Käse, gerieben
1 Weizenvollkorn-Tortilla (25–28 cm Durchmesser)
Belag:
Paprikaschoten, würfelig geschnitten
Blattsalat, fein geschnitten oder gerissen
Tomatenwürfel
Sauerrahm
Salsa

1 In einer mittelgroßen Pfanne das Öl auf mittlerer Stufe erhitzen. Die Zwiebeln darin unter häufigem Rühren etwa 2 Minuten braten. Rösti dazugeben und gleichmäßig in der Pfanne verteilen. Etwa 10 Minuten leicht bräunen lassen, öfters wenden, damit alle Seiten gebraten werden.

2 Das Ei über die Rösti gießen und etwa 2 Minuten stocken lassen. Den Käse über die warme Ei-Rösti-Masse streuen und schmelzen lassen.

3 Die Ei-Rösti-Masse in die Mitte der Tortilla gleiten lassen. Mit Paprikawürfeln, Blattsalat, Tomatenwürfeln, Sauerrahm, Salsa und Ähnlichem bedecken, ganz nach Wunsch.

Für Semi-Vegetarier und Ovo-Lacto-Vegetarier.

Pro Portion: 513,34 kcal; 19,58 g Eiweiß; 38,02 g Fett; 50,14 g Kohlenhydrate; 242,16 mg Cholesterin; 459,32 mg Natrium; 2,86 mg Eisen; 253,26 mg Kalzium; 0,73 µg Vitamin B_{12}; 2 mg Zink.

TOFU-RÜHREI

Rührei mit einem Glas Orangensaft gehört seit langem zu meinen liebsten Frühstücksgerichten. Ich füge zusätzlich noch Eiweiß und Vitamine zu, indem ich etwas Gemüse vom Vortag und etwas Tofu dazugebe, damit ich nicht mitten am Vormittag wieder hungrig bin! Wer morgens rasch in Schwung kommen muss, gießt ein wenig scharfe Sauce oder Salsa darüber, dann schmeckt das Ganze peppiger. Einen Versuch wert sind auch Würfel von grünem Paprika, in Stücke geschnittene gekochte Kartoffeln oder Rösti.

1 Portion

- 1 Ei
- 1 EL Milch
- 1/4 TL Salz
- 1 EL Butter oder Margarine
- 1 EL Zwiebeln, fein gehackt
- 1/3 Tasse Tomaten, entkernt und fein gehackt
- 1/3 Tasse Zucchini, fein gehackt
- 1/3 Tasse fester Tofu, fein gehackt
- 1/4 Tasse Cheddar-Käse, gerieben

1. In einer kleinen Schüssel Ei, Milch und Salz mit einer Gabel verschlagen und beiseite stellen.

2 In einer mittelgroßen Pfanne auf mittlerer Stufe die Butter oder Margarine erhitzen. Zwiebeln, Tomaten, Zucchini und Tofu hineingeben und rühren. Braten, bis die Tofuwürfel leicht gebräunt sind und das Gemüse gut erwärmt ist, etwa 4 bis 5 Minuten.

3 Die Eimischung in die Pfanne gießen und rasch mit dem Gemüse verrühren. Das Ei stocken lassen, etwa 1 Minute, dabei nicht ständig rühren.

4 Die Pfanne vom Herd nehmen, den Käse über die Ei-Gemüse-Masse streuen und schmelzen lassen. Sofort servieren.

Für Semi-Vegetarier und Ovo-Lacto-Vegetarier.
Pro Portion: 447,25 kcal; 28,19 g Eiweiß; 33,93 g Fett; 11,29 g Kohlenhydrate; 275,31 mg Cholesterin; 968,85 mg Natrium; 10,26 mg Eisen; 836,85 mg Kalzium; 0,81 µg Vitamin B_{12}; 2,99 mg Zink.

MITTAGESSEN

Wenn es in der Kantine nur Fleisch mit Sauce gibt und auch der Gedanke an Fast Food nicht gerade verlockend ist, bereitet man das Mittagessen am besten selbst zu. Nudelsalate, Sandwiches oder Tortilla-Taschen eignen sich bestens zum Einpacken und Mitnehmen. Dazu kommt noch ein Müsli-Riegel, ein Stück Obst und etwas Fruchtsaft – fertig ist die perfekte Mittagsmahlzeit.

Tortillas und Pitabrote

Aprikosen-Chimichangas

Knusprige Möhrentaschen

Thailändische Tofu-Gemüse-Taschen

Burrito-Rollen

Herzhafte Chili-Hot Dogs

Reistaschen »Naher Osten«

Aprikosen-Chimichangas

Chimichangas sind eine Art Pfannkuchen, die mexikanische Note erhalten sie aber durch die Verwendung von Tortillas. Man genießt sie zum späten Frühstück oder zu Mittag, als kleine Zwischenmahlzeit oder als Dessert. Wer eine gekostet hat, möchte am liebsten die ganze Ladung alleine aufessen. Aber wie hieß es schon im Kindergarten: Am besten schmeckt's, wenn man teilt!

6 Portionen

1 TL abgeriebene Orangenschale
1/4 Tasse Zucker
60 g fettarmer Ricotta-Käse
1 Packung (225 g) weicher Frischkäse
6 Weizentortillas (20 cm Durchmesser)
1/2 Tasse Aprikosenmarmelade
1 Ei, leicht verschlagen
2 EL Margarine, zerlassen
Aprikosen-Sauce (Rezept Seite 77)

1 Backofen auf 260° C vorheizen. Eine etwa 28 x 36 cm große Backform leicht einfetten. In einer mittelgroßen Rührschüssel Orangenschale, Zucker, Ricotta- und Frischkäse mit einem Holzlöffel gut verrühren.

2 Je 1/4 Tasse der Mischung in die Mitte jeder Tortilla geben, darüber kommt jeweils ein gehäufter Esslöffel Aprikosenmarmelade.

3 Ein Ende der Tortilla etwa 4 cm über die Fülle klappen. Den linken und rechten Rand darüber einschlagen, dann das andere Ende der Tortilla darüber klappen.

4 Die Ränder mit dem Ei bepinseln und fest zusammendrücken. Jede Chimichanga mit Margarine bestreichen.

5 Die Chimichangas mit der Öffnung nach unten in die Backform legen. Etwa 8 bis 10 Minuten backen, bis die Fülle heiß ist und die Ränder braun zu werden beginnen.

6 In der Zwischenzeit die Aprikosen-Sauce vorbereiten. Etwas Aprikosen-Sauce über jede Chimichanga träufeln und servieren.

Für Semi-Vegetarier und Ovo-Lacto-Vegetarier.
Pro Portion: 449,9 kcal; 10,9 g Eiweiß; 22,54 g Fett; 53,08 g Kohlenhydrate; 83,31 mg Cholesterin; 451,97 mg Natrium; 1,82 mg Eisen; 194,81 mg Kalzium; 0,31 µg Vitamin B_{12}; 0,59 mg Zink.

APRIKOSEN-SAUCE

6 Portionen

3/4 Tasse Aprikosenmarmelade
85 g getrocknete Aprikosen, in Scheiben geschnitten

1 Die Aprikosenmarmelade in eine für die Mikrowelle geeignete Schüssel geben. Auf höchster Stufe in der Mikrowelle eine Minute – oder bis die Marmelade flüssig wird – erhitzen.

2 Die Aprikosen einrühren. Sofort oder zimmerwarm servieren.

Für alle Arten von Vegetariern.
Pro Portion: 132,53 kcal; 0,77 g Eiweiß; 0,12 g Fett; 34,13 g Kohlenhydrate; 0 Cholesterin; 16,44 mg Natrium; 0,71 mg Eisen; 14,57 mg Kalzium; 0 Vitamin B_{12}; 0,02 mg Zink.

Knusprige Möhrentaschen

Teigtaschen kannte ich früher nur aus Fast-Food-Restaurants. Dort kaufte ich Burritos oder Tacos für unterwegs, die Fülle bestand aus Bohnen und Käse, mehr nicht – bis ich mit meiner Mutter einmal nach New York City kam. Nach einem langen Einkaufstag landeten wir schließlich in einer Imbiss-Stube, in der hauptsächlich Teigtaschen aller Art angeboten wurden.

Die große Vielfalt an Tortillas faszinierte mich, das folgende Rezept war eines der ersten, das ich zu Hause ausprobierte. Das knackige Gemüse verbindet sich mit dem cremigen Hüttenkäse, das Ergebnis ist eine gesunde und köstliche Mahlzeit. Die Tortillas lassen sich besser falten, wenn man jede etwa 15 Sekunden in der Mikrowelle erwärmt. Einen Versuch wert sind auch Tortillas in verschiedenen Geschmacksrichtungen.

2 Portionen

1/4 Tasse gelbe Paprikaschoten, entkernt und würfelig geschnitten
1/4 Tasse Möhren, gehackt
1/4 Tasse Gurken, geschält und gehackt
1/2 Tasse Tomaten, gehackt
3 EL Frühlingszwiebeln, nur die grünen Teile, in dünne Scheiben geschnitten
3 EL frisches Basilikum, gehackt, oder 1 1/2 EL getrocknetes Basilikum
1 TL Zitronenschale, gehackt
3 EL frischer Zitronensaft
1/2 TL Zwiebelsalz
Frisch gemahlener Pfeffer nach Geschmack
240 g fettarmer, feinkörniger Hüttenkäse
2 große Kopfsalatblätter
2 Weizenvollkorn-Tortillas (25–28 cm Durchmesser)

1. In einer mittelgroßen Schüssel Paprikawürfel, Möhren, Gurken, Tomaten, Frühlingszwiebeln, Basilikum, Zitronenschale, Zitronensaft und Zwiebelsalz mischen. Mit gemahlenem Pfeffer würzen.
2. Den Hüttenkäse unter die Gemüsemischung ziehen. Auf die obere Hälfte jeder Tortilla ein Salatblatt legen.
3. Jeweils die Hälfte der Hüttenkäse-Gemüse-Mischung auf dem Salatblatt verteilen.
4. Für eine offene Teigtasche klappt man zuerst die untere Hälfte der Tortilla über die Fülle. Dann rollt man die zusammengeklappte Tortilla von der Seite her ein, so dass sie oben offen bleibt. Sofort servieren.

Für Semi-Vegetarier, Ovo-Lacto-Vegetarier und Lacto-Vegetarier.
Pro Portion: 209,7 kcal; 20,07 g Eiweiß; 3,24 g Fett; 31,79 g Kohlenhydrate; 15 mg Cholesterin; 1.037,26 mg Natrium; 1,29 mg Eisen; 93,73 mg Kalzium; 0,6 µg Vitamin B_{12}; 0,72 mg Zink.

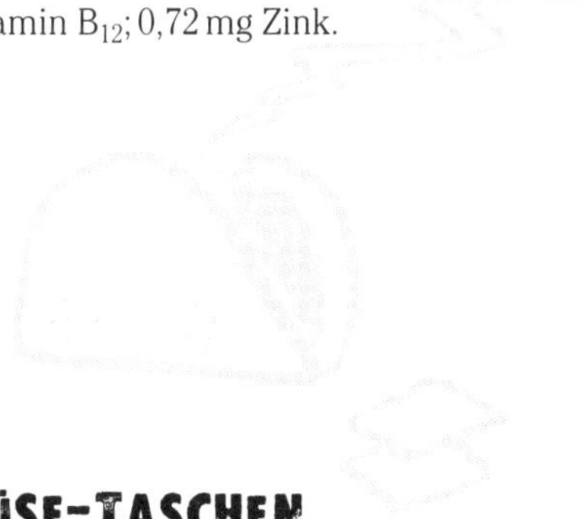

THAILÄNDISCHE TOFU-GEMÜSE-TASCHEN

Das ist ein Happen! Eine warme Tofu-Gemüse-Tasche ist wahrhaft ein Genuss. Wer es gerne würzig hat, gibt zum Schluss einfach noch Erdnuss-Sauce darüber oder fügt Korianderblätter zu. Nur das Gemüse darf nicht zu lange gekocht werden, damit es nicht unappetitlich weich wird.

1 Portion

4 TL Olivenöl
1/2 Tasse Möhren, würfelig geschnitten
1/3 Tasse Zwiebeln, würfelig geschnitten
1/2 Tasse Zuckererbsen
2 1/2 TL Sojasauce
125 g besonders fester Tofu, in 1 cm große Würfel geschnitten
2 EL Erdnuss-Sauce
2 EL Erdnüsse, gehackt
2 EL frische Korianderblätter, gehackt
1 Weizenvollkorn-Tortilla (25–28 cm Durchmesser)

1 In einer mittelgroßen Pfanne auf mittlerer Stufe 2 TL Olivenöl erhitzen. Möhren, Zwiebeln, Zuckererbsen und 1 TL Sojasauce hineingeben. Das Gemüse dünsten, bis es weich zu werden beginnt, aber noch knackig ist, etwa 5 Minuten. Vom Herd nehmen und in eine mittelgroße Schüssel geben.

2 Die Pfanne mit Küchenkrepp auswischen und wieder auf die Herdplatte stellen. Die restlichen 2 TL Olivenöl auf mittlerer Stufe erhitzen. Tofuwürfel und die restlichen 1 1/2 Teelöffel Sojasauce hineingeben. Den Tofu von allen Seiten anbraten, etwa 5 Minuten.

3 Das Gemüse zurück in die Pfanne geben und gut mischen. Etwa 1 Minute braten. Vom Herd nehmen und vorsichtig die Erdnuss-Sauce, die gehackten Erdnüsse und Korianderblätter unterziehen.

4 Die Tortilla in der Mikrowelle auf höchster Stufe etwa 15 Sekunden erwärmen – sie ist dann leichter zu falten.

5 Die Gemüse-Tofu-Mischung im unteren Teil der Tortilla in einem etwa 5 x 13 cm großen Rechteck verteilen. Den rechten und linken Rand der Tortilla über die Fülle klappen, dann den unteren Rand der Tortilla zur Mitte klappen und die Tortilla ganz einrollen. Warm servieren.

Für alle Arten von Vegetariern.

Pro Portion: 408,96 kcal; 23,96 g Eiweiß; 37,11 g Fett; 45,59 g Kohlenhydrate; 0 Cholesterin; 1209,61 mg Natrium; 4,66 mg Eisen; 123,32 mg Kalzium; 0 Vitamin B_{12}; 3,21 mg Zink.

BURRITO-ROLLEN

Eine Burrito-Rolle ist eine ausgiebige Mahlzeit, verpackt in eine kleine Tortilla. Solche Rollen sind bestens geeignet für zwischendurch und unterwegs. Wer keine frischen Tortillas zur Hand hat, kann die Fülle auch zu Tortilla-Chips und Ähnlichem essen, das schmeckt sehr gut! Bei besonders viel Fülle sollte man lieber 2 Tortillas zum Einpacken nehmen, dann quillt nichts heraus. Die restliche Fülle gibt am nächsten Tag einen Imbiss oder ein rasches Abendessen ab.

1–2 Portionen

- 1/2 Tasse kochendes Wasser
- 1/4 Tasse trockenes TVP (texturiertes vegetabiles Protein)
- 1 Tasse Bohnen aus der Dose
- 3/4 Tasse gekochter Vollkornreis
- 1 Tomate, würfelig geschnitten
- 1/3 Tasse Blattsalat, gehackt
- 2 EL fettfreier Sauerrahm
- 1/4 Tasse Cheddar-Käse, gerieben
- 1 Weizenvollkorn-Tortilla von 25–28 cm Durchmesser

1 In einer kleinen Schüssel das kochende Wasser mit dem TVP mischen. 5 bis 10 Minuten ziehen lassen, bis das TVP weich wird.

2 In der Zwischenzeit die Bohnen in ein für die Mikrowelle geeignetes Gefäß geben und auf höchster Stufe erhitzen, bis sie weich und gründlich erwärmt sind. Den Reis unter die Bohnen rühren. Weitere 30 Sekunden auf höchster Stufe erhitzen. Tomaten, Salat, Sauerrahm, Käse und TVP zu den Bohnen geben und gut durchrühren.

3 Die Tortilla in der Mikrowelle auf höchster Stufe 15 Sekunden erwärmen.

4 Die Bohnen-Fülle auf das untere Drittel der Tortilla geben. Die Tortilla vom unteren Rand her sorgfältig einrollen, bis die Fülle gut verpackt ist. Sofort servieren.

Für Semi-Vegetarier, Ovo-Lacto-Vegetarier und Lacto-Vegetarier.
Pro Portion: 363,15 kcal; 26,32 g Eiweiß; 6,96 g Fett; 56,21 g Kohlenhydrate; 14,83 mg Cholesterin; 687,65 mg Natrium; 4,77 mg Eisen; 259,12 mg Kalzium; 1,32 µg Vitamin B_{12}; 7,24 mg Zink.

HERZHAFTE CHILI-HOT DOGS

Wer des Öfteren sehnsüchtig an die Hot Dogs von der Würstelbude am Sportplatz zurückdenkt, wird dieses Rezept sicher mit großer Befriedigung lesen. Fettarme Soja-Würstchen und fettarmer vegetarischer Chili machen dieses köstliche Hot Dog weit gesünder als jene vom Sportplatz.
Es werden bereits eine Menge Fleischersatzprodukte angeboten, die durchaus einen Versuch wert sind. Eine besondere Note erhält das Hot Dog durch Ketchup, Senf, Relish oder Sauerkraut. Hast du schon einmal Sandwiches mit vegetarischem Aufschnitt wie »Hühnchen«, »Pikant« oder »Bologna« versucht? Diese Produkte erhält man in Naturkostläden, Reformhäusern oder der Bioecke mancher Lebensmittelgeschäfte.

1 Portion

1 Sojawürstchen, gekocht
1 Hot Dog-Brötchen
$1^1/_2$ Tassen vegetarischer Chili aus der Dose oder »echt scharfer Chili« (Rezept Seite 116f.)
1 EL Zwiebeln, gehackt
$^1/_3$ Tasse Cheddar-Käse, gerieben

1 Das Sojawürstchen in das Brötchen geben. In einem für die Mikrowelle geeigneten Gefäß mit aufgelegtem Deckel den Chili auf höchster Stufe etwa $1^1/_2$ Minuten erhitzen.

2 Den Chili über Sojawürstchen und Brötchen gießen. Mit Zwiebeln und Käse bestreuen und sofort servieren.

Für Semi-Vegetarier, Ovo-Lacto-Vegetarier und Lacto-Vegetarier.
Pro Portion: 667,5 kcal; 47,79 g Eiweiß; 15,56 g Fett; 83,52 g Kohlenhydrate; 39,55 mg Cholesterin; 2195,28 mg Natrium; 8,53 mg Eisen; 493,67 mg Kalzium; 1,84 µg Vitamin B_{12}; 4,03 mg Zink.

REISTASCHEN »NAHER OSTEN«

Für diese erfrischende Reistasche kann man gut Reste vom Vorabend verwerten. Einige Tomaten und Gurken vom Salat, der restliche Reis, alles in eine Tortilla verpackt oder auf ein Stück Fladenbrot – und die Mahlzeit ist fertig.

1 Portion

1/2 Tasse gekochter Vollkornreis
2 EL Gurke, würfelig geschnitten
2 EL Tomaten, entkernt und würfelig geschnitten
1 EL Frühlingszwiebeln, fein gehackt
2 TL Minze, grob gehackt (nach Wunsch)
1 EL Naturjoghurt
1 TL Olivenöl
Salz und frisch gemahlener Pfeffer nach Geschmack
1 Weizentortilla (23 cm) oder 1/2 Fladenbrot (Rezept Seite 94f., »Babas Fladenbrot«)

1 In einer mittelgroßen Schüssel Reis, Gurke, Tomaten, Frühlingszwiebeln, Minze, Joghurt und Olivenöl mischen. Mit Salz und Pfeffer würzen. 20 Minuten in den Kühlschrank stellen.

2 Die Füllung in die Mitte der Tortilla oder auf das Fladenbrot häufen. Das untere Ende der Tortilla oder des Fladenbrotes zur Mitte klappen. Den rechten und linken Rand über die Füllung schlagen. Sofort servieren oder für später in Folie packen.

Für Semi-Vegetarier, Ovo-Lacto-Vegetarier und Lacto-Vegetarier.
Pro Portion: 313,29 kcal; 8,04 g Eiweiß; 8,78 g Fett; 50,76 g Kohlenhydrate; 0,93 mg Cholesterin; 268,11 mg Natrium; 1,58 mg Eisen; 138,64 mg Kalzium; 0,09 µg Vitamin B_{12}; 0,8 mg Zink.

KALTE NUDELSALATE

Kathies chinesischer Nudelsalat

Würziger italienischer Nudelsalat

Käse-Nudeln

Sommerlicher Fusilli-Salat

Jeremy und Noahs peppiger
Nudelsalat mit Gemüse

Kathies chinesischer Nudelsalat

Diesen Salat bereite ich am Vorabend vor, dann muss ich ihn nur noch ins Lunch-Paket packen und fertig. Ich persönlich mag den Salat lieber ohne Erdnüsse, die jedoch den Eiweißanteil beträchtlich erhöhen.
Der Salat hält sich im Kühlschrank bis zu einer Woche; damit er ganz frisch schmeckt, darf man die Korianderblätter allerdings nicht mehr als 4 Stunden vor dem Essen zugeben.

4–6 Portionen

4 l Wasser
450 g feine Nudeln (ohne Ei)
1 Bund Frühlingszwiebeln, gehackt (die weißen Teile ganz und die grünen Teile zur Hälfte)
1 daumengroßes Stück frischer Ingwer, geschält und grob gerieben
2 EL geröstete Sesamsamen
1/2 Tasse Pflanzenöl
1 1/2 EL Sesamöl
1/3 Tasse Sojasauce
1/4 TL scharfes Chili-Öl oder nach Geschmack
1 Bund Korianderblätter, grob gehackt
1 TL Salz
Gehackte rohe Erdnüsse, nach Geschmack
Thailändische Erdnuss-Sauce, nach Geschmack

1 In einem großen Topf das Wasser zum Kochen bringen und die Nudeln nach den Anweisungen auf der Packung kochen. Abtropfen und etwas abkühlen lassen.

2 In einer großen Rührschüssel Frühlingszwiebeln, Ingwer, Sesamsamen, Pflanzenöl, Sesamöl, Sojasauce, Chili-Öl, Korianderblätter und Salz gut verrühren.

3 Die Nudeln hineingeben und gründlich durchrühren. Mit gehackten rohen Erdnüssen bestreuen. Vor dem Servieren noch scharfe Chili-Sauce und thailändische Erdnuss-Sauce zugeben. Zimmerwarm oder gekühlt servieren.

Für alle Arten von Vegetariern.

Pro Portion: 453,65 kcal; 11,94 mg Eiweiß; 24,58 g Fett; 48,38 g Kohlenhydrate; 0 Cholesterin; 2031,91 mg Natrium; 3,16 mg Eisen; 30,24 mg Kalzium; 0 Vitamin B_{12}; 0,47 mg Zink.

WÜRZIGER ITALIENISCHER NUDELSALAT

Wenn in der Mittagspause der Hunger besonders groß ist, ist Nudelsalat meine Rettung. Als Hauptmahlzeit lässt sich dieses Rezept gut mit frischem italienischem Salat (Seite 110f.) und einem Stück Vollkornbrot kombinieren.

Der Salat hält sich im Kühlschrank bis zu 3 Tage, es lohnt sich also, für ein schnelles Abendessen oder eine Zwischenmahlzeit etwas mehr zuzubereiten.

2–3 Portionen

4 l Wasser
1 EL Olivenöl
1 TL Knoblauch, zerdrückt
1/2 TL getrocknete scharfe Paprikaschoten, gehackt
1 Dose (400 g) Tomatenstücke, abgetropft
Salz nach Geschmack
225 g Rotelle (ohne Ei)
40 g Ricotta-Käse
2 EL Feta-Käse, zerbröckelt
2 EL frisches Basilikum, fein gehackt
1/4 Tasse Pinienkerne

1 In einem großen Topf das Wasser auf höchster Stufe zum Kochen bringen.

2 In einer großen Pfanne auf mittlerer Stufe das Öl erhitzen. Knoblauch und Paprika darin braten, bis der Knoblauch leicht gebräunt ist, etwa 2 Minuten. Die Tomaten zugeben und köcheln lassen, bis die Sauce eindickt, etwa 10 Minuten.

3 Sobald das Wasser kocht, Salz und Rotelle hineingeben. Die Nudeln weich kochen, das dauert etwa 8 bis 10 Minuten (genauere Anweisungen auf der Packung). Wasser abgießen.

4 Die Nudeln mit der Tomatensauce, dem Ricotta-Käse, Feta-Käse, Basilikum und den Pinienkernen mischen. Vor dem Servieren mindestens 20 Minuten im Kühlschrank durchziehen lassen.

Für Semi-Vegetarier, Ovo-Lacto-Vegetarier und Lacto-Vegetarier.
Pro Portion: 471,67 kcal; 18,11 g Eiweiß; 16,89 g Fett; 63,1 g Kohlenhydrate; 19,39 mg Cholesterin; 346,9 mg Natrium; 4,29 mg Eisen; 132,13 mg Kalzium; 0,2 µg Vitamin B_{12}; 1,97 mg Zink.

KÄSE-NUDELN

Käse-Nudeln waren immer eines meiner Lieblingsgerichte zum Abendessen (bis ich sie einmal kalt in der Mittagspause versuchte). Zieht man unter das fertige Gericht eine frische gehackte Tomate oder ein paar gekochte Erbsen, schmeckt es noch frischer, und die Erbsen liefern auch noch zusätzlich Eiweiß.
Die Butter nur auf niedriger Stufe und unter häufigem Rühren schmelzen, damit sie nicht braun wird.

4 Portionen

4 EL Butter
1/4 Tasse Universalmehl
1/2 TL Salz
2 Tassen Magermilch
2 1/2 Tassen geriebener Cheddar-Käse
600 g gekochte kurze Nudeln oder
Weizenvollkorn-Nudeln (jeweils ohne Ei)

1 Backofen auf 180° C vorheizen. In einem kleinen Topf bei mittlerer Hitze die Butter schmelzen. Mehl und Salz einrühren. Langsam unter Rühren die Milch zugießen. Auf kleiner Stufe köcheln lassen, dabei häufig umrühren, bis die Sauce eindickt, etwa 4 bis 6 Minuten. Die Hälfte des Cheddar-Käses einrühren und schmelzen lassen.

2 Die gekochten Nudeln in einer Backform von etwa 20 x 20 cm verteilen. Die Sauce über die Nudeln gießen und unterrühren. Den restlichen Käse darüber streuen. Im Backofen backen, bis die Nudeln heiß sind und der Käse geschmolzen ist, 20 bis 25 Minuten. Warm oder gekühlt servieren.

Für Semi-Vegetarier, Ovo-Lacto-Vegetarier und Lacto-Vegetarier.
Pro Portion: 608,05 kcal; 28,28 g Eiweiß; 36,15 g Fett; 43,39 g Kohlenhydrate; 107,43 mg Cholesterin; 798,8 mg Natrium; 2,12 mg Eisen; 673,38 mg Kalzium; 1,07 µg Vitamin B_{12}; 3,29 mg Zink.

Sommerlicher Fusilli-Salat

Dieser Salat ist untrennbar mit unserem jährlichen Trödelmarkt verbunden. Er erfrischt und lässt uns die sommerliche Hitze ertragen! Wer diesen Salat in der warmen Jahreszeit in seinem Lunch-Paket hat, übersteht auch die scheinbar endlosen letzten Schulstunden. Mit bunten Fusilli sieht das Gericht sehr gut aus. Nur dürfen die Nudeln nicht zu lange gekocht werden, sonst werden sie klebrig.

3–4 Portionen

4 l Wasser
Salz nach Geschmack
225 g Fusilli (Spiralnudeln; ohne Ei)
2 EL Olivenöl
1 TL Knoblauch, zerdrückt
1 Dose (800 g) Tomaten, abgetropft und gehackt
1 kleine rote Chilischote, entkernt und gehackt
40 g schwarze Oliven, in Scheiben geschnitten
2 TL frische Oreganoblätter, gehackt, oder 3/4 TL getrockneter Oregano
2 TL frische Basilikumblätter, gehackt, oder 3/4 TL getrocknetes Basilikum
1 Dose (400 g) schwarze Bohnen, abgespült und abgetropft
Frisch gemahlener Pfeffer nach Geschmack

1 In einem großen Topf auf hoher Stufe das Wasser zum Kochen bringen. Sobald das Wasser kocht, Salz und Fusilli hineingeben, umrühren. Die Fusilli weich kochen, meist in etwa 8 bis 10 Minuten (genaue Anweisungen auf der Packung). Wasser abgießen.

2 In einer großen Pfanne auf mittlerer Stufe das Olivenöl erhitzen. Den Knoblauch darin leicht bräunen lassen, etwa 2 Minuten. Tomaten und Chilischote einrühren. Die Mischung zum Kochen bringen und Hitze reduzieren. Ohne Deckel etwa 20 Minuten köcheln lassen, dabei gelegentlich umrühren.

3 Oliven, Oregano und Basilikum unterrühren. Abdecken und weitere 10 Minuten köcheln lassen. Die Tomatensauce mit den Fusilli mischen und die schwarzen Bohnen unterziehen. Mit Pfeffer nach Geschmack würzen. Vor dem Servieren mindestens 20 Minuten abkühlen lassen.

Für alle Arten von Vegetariern.
Pro Portion: 382,94 kcal; 14,33 g Eiweiß; 10,58 g Fett; 61,28 g Kohlenhydrate; 5,16 mg Cholesterin; 1277,53 mg Natrium; 3,99 mg Eisen; 180,83 mg Kalzium; 3,13 µg Vitamin B_{12}; 1,11 mg Zink.

Jeremy und Noahs peppiger Nudelsalat mit Gemüse

Diesen Nudelsalat entdeckte ich ganz hinten in Kathy Bryons Kühlschrank, als ich ihre lebhaften zwei Söhne beaufsichtigte. Mehrere Stunden Versteckspiel, Basketball und Batman hatten mich ganz schön müde gemacht, ich war froh, etwas Essbares im Kühlschrank zu finden und mir das Kochen zu ersparen. Das Gericht hält sich gut über Nacht, du kannst es also am Abend vorbereiten und am nächsten Tag ins Lunch-Paket packen.
Am besten gelingt der Salat mit kleineren Teigwaren, etwa mit Rotelle, Muscheln oder Fusilli.

3–4 Portionen

800 g gekochte (kleine) Teigwaren (ohne Ei)
1 große Tomate, gehackt
1 Dose (185 g) eingelegte Artischockenherzen, gehackt
90 g kleine Brokkoli-Röschen, gekocht
60 g schwarze Oliven, in Scheiben geschnitten
1/4 Tasse frisches Basilikum, gehackt
1/4 Tasse Feta-Käse, zerbröckelt
1/3 Tasse italienisches Salatdressing
Frisch gemahlener Pfeffer nach Geschmack

1 Die Nudeln in eine große Servierschüssel geben. Tomaten, Artischockenherzen, Brokkoli, Oliven, Basilikum und Käse unterrühren. Das Dressing über den Salat gießen und gut mit frisch gemahlenem Pfeffer würzen. Gut durchrühren.

2 Vor dem Servieren mindestens eine halbe Stunde im Kühlschrank durchziehen lassen. Hält sich im Kühlschrank bis zu 2 Tage.

Für Semi-Vegetarier, Ovo-Lacto-Vegetarier und Lacto-Vegetarier.
Pro Portion: 349,16 kcal; 9,86 g Eiweiß; 16,09 g Fett; 44,02 g Kohlenhydrate; 8,34 mg Cholesterin; 540,17 mg Natrium; 2,51 mg Eisen; 84,17 mg Kalzium; 0,19 µg Vitamin B_{12}; 1,06 mg Zink.

SANDWICHES

Babas Fladenbrot

Sloppy Joes

Gebackenes Käse-Sandwich de luxe

Tofu-Salat-Sandwich

Gemüse-Pita

Käse-»Steak«-Sandwich

BABAS FLADENBROT

Dieses Sandwich lernte ich auf einem Wochenendtrip nach San Francisco kennen, wo ich mit meiner Freundin Sarah deren Großmutter Baba besuchte. Baba brachte diese gerollten, in Streifen geschnittenen Fladenbrote für das Picknick zum Reitausflug mit, einige durfte ich auch nach Hause mitnehmen. Seither bin ich richtig süchtig nach diesen Dingern!
Dieses Fladenbrot stammt aus dem Nahen Osten und eignet sich bestens für gerollte Sandwiches. Im Geschäft wird es in zwei Varianten angeboten: knusprig und weich. Für dieses Rezept braucht man weiches Fladenbrot, wer nur die knusprige Variante erhält, kann sie weich machen. Dafür besprüht man das Fladenbrot mit Wasser oder legt es zwischen zwei feuchte Tücher, bis es weich und biegsam ist. Das Rezept ist sehr einfach und schnell fertig.

2 Portionen

60 g weicher Frischkäse
1 weiches Fladenbrot
1 kleine Tomate, in dünne Scheiben geschnitten
3/4 Tasse Blattsalat, fein geschnitten
60 g Gurken, geschält und in feine Scheiben geschnitten
2 EL rote Zwiebeln, fein gehackt (nach Wunsch)
2 EL schwarze Oliven, in Scheiben geschnitten

1. Eine Seite des Fladenbrotes gleichmäßig mit dem Frischkäse bestreichen
2. Mit Tomaten, Blattsalat, Gurken, Zwiebeln und schwarzen Oliven belegen.
3. Das Fladenbrot von einer Seite her einrollen. Halbieren, ergibt zwei Sandwiches.

Für Semi-Vegetarier, Ovo-Lacto-Vegetarier und Lacto-Vegetarier.
Pro Portion: 319,78 kcal; 10,34 g Eiweiß; 11,91 g Fett; 47,48 g Kohlenhydrate; 31,9 mg Cholesterin; 664,46 mg Natrium; 3,32 mg Eisen; 80,61 mg Kalzium; 0,12 µg Vitamin B_{12}; 1,89 mg Zink.

SLOPPY JOES

Sloppy Joes sind seit jeher ein Renner in der amerikanischen Schulkantine. Dieses Rezept ist besonders vielseitig, man kann dafür entweder Seitan oder auch Fleischersatzprodukte aus texturiertem Sojaprotein verwenden. Fleischersatzprodukte findest du im Kühlregal des Naturkostladens, in Reformhäusern oder in der Bioecke des Supermarktes.

1 Portion

1 TL Pflanzenöl
2 EL Zwiebeln, fein gehackt
1/4 Tasse Ketchup
2 EL Chili-Sauce
1 TL Worcestersauce
1/4 Tasse Wasser
1/4 TL Salz
1 Prise frisch gemahlener Pfeffer
100 g (etwa 1/2 Tasse) krümeliger Seitan oder anderer vegetarischer Fleischersatz
1 Weizenvollkorn-Brötchen, halbiert, die Schnittflächen leicht geröstet

1 In einer mittelgroßen Pfanne auf mittlerer Stufe das Pflanzenöl erhitzen. Zwiebeln darin leicht bräunen lassen, etwa 5 Minuten. Ketchup, Chili-Sauce, Worcestersauce, Wasser, Salz und Pfeffer zugeben. Ohne Deckel 5 Minuten köcheln lassen.

2 Seitan oder sonstigen Fleischersatz einrühren und gut erwärmen, etwa 2 bis 5 Minuten. Die Mischung in das Brötchen geben und sofort servieren.

Für alle Arten von Vegetariern.
Pro Portion: 355,54 kcal; 27,99 g Eiweiß; 8,31 g Fett; 46,52 g Kohlenhydrate; 0 Cholesterin; 1824,73 mg Natrium; 4,96 mg Eisen; 70,48 mg Kalzium; 0 Vitamin B_{12}; 0,81 mg Zink.

GEBACKENES KÄSE-SANDWICH DE LUXE

Wer von uns hat nicht schon tausend Mal überbackene Käse-Sandwiches gegessen? Dies ist das Rezept für das klassische »Kinder«-Sandwich mit einem kleinen Extra – Miso.
Miso ist eine weiße bis braune Würzpaste, die oft auch anstelle von Senf oder Mayonnaise verwendet wird. Sie wird aus fermentierten Sojabohnen hergestellt – was uns aber nicht abschrecken sollte, denn sie schmeckt großartig! Miso findet man in Naturkostläden, Reformhäusern oder im Kühlregal mancher Supermärkte.

1 Portion

- 2 Scheiben festes Weizenvollkornbrot
- 1 EL Miso
- 2 große Tomatenscheiben
- 2 dünne Scheiben rote Zwiebel
- 3 große Basilikumblätter
- 1/3 Tasse würziger Cheddar-Käse, gerieben
- 1 TL weiche Butter

1. Eine Scheibe Brot auf einen Teller legen. Eine Seite gleichmäßig mit dem Miso bestreichen. Mit den Tomatenscheiben und dann den Zwiebelscheiben und Basilikumblättern belegen. Den geriebenen Käse darüber streuen. Die zweite Brotscheibe darauf legen und leicht andrücken, damit das Sandwich zusammenhält. Die obere Scheibe Brot mit der Hälfte der Butter bestreichen.

2. Eine antihaftbeschichtete Pfanne auf mittlerer Stufe erhitzen. Das Sandwich mit der Butterseite nach unten in die Pfanne legen und an der Unterseite leicht bräunen, etwa 4 Minuten. Mit der übrigen Butter die Oberseite des Sandwiches bestreichen. Das Sandwich wenden und die andere Seite hellbraun braten, bis der Käse geschmolzen ist, etwa 3 bis 4 Minuten. Sofort servieren.

Für Semi-Vegetarier, Ovo-Lacto-Vegetarier und Lacto-Vegetarier.
Pro Portion: 396,55 kcal; 18,14 g Eiweiß; 19,96 g Fett; 39,59 g Kohlenhydrate; 49,91 mg Cholesterin; 1162,32 mg Natrium; 2,98 mg Eisen; 343,86 mg Kalzium; 0,32 µg Vitamin B_{12}; 3,02 mg Zink.

Tofu-Salat-Sandwich

Tofu-Aufstrich schmeckt zwar ebenso gut wie Tunfisch-Aufstrich, ist aber völlig »clean«! Je nach vegetarischer Ausrichtung kann man ihn mit einem hart gekochten Ei ergänzen und damit noch schmackhafter und eiweißreicher machen. Der Aufstrich ist etwas krümelig, ist also vielleicht in einem Pitabrot besser aufgehoben als zwischen zwei Brotscheiben. Der restliche Aufstrich hält sich im Kühlschrank einen Tag und ergibt mit einem Caesar-Salat (Seite 113) ein vollwertiges Abendessen.

1 Portion

115 g fester Tofu
1/4 Tasse fettarme Mayonnaise, Tofu-Mayonnaise oder vollfette Mayonnaise
1/4 Tasse Sellerie, fein gehackt
1 Salzdillgurke, fein gehackt
1 Pitabrot oder 2 Scheiben Weizenvollkornbrot

1 In einer kleinen Schüssel den Tofu zwischen den Fingern zerbröckeln. Mayonnaise, Sellerie und Salzdillgurke dazugeben, gut durchrühren.

2 Die Fülle in ein Pitabrot oder zwischen zwei Brotscheiben geben. Wenn das Sandwich nicht sofort serviert wird, in Alufolie oder einen Plastikbeutel packen.

Mit Tofu-Mayonnaise für alle Arten von Vegetariern. Mit herkömmlicher Mayonnaise für Semi-Vegetarier und Ovo-Lacto-Vegetarier.
Pro Portion: 308,82 kcal; 15,21 g Eiweiß; 5,94 g Fett; 48,57 g Kohlenhydrate; 0 Cholesterin; 1610,07 mg Natrium; 3,68 mg Eisen; 253,16 mg Kalzium; 0 Vitamin B_{12}; 1,78 mg Zink.

GEMÜSE-PITA

Knackige Gemüse-Pitas lassen sich ganz schnell und einfach morgens vor der Schule vorbereiten. Der Brokkoli-Salat bleibt locker bis zur Mittagspause frisch! Am besten verwendest du dafür eine Mischung aus geraspelten Brokkoli-Stielen, geraspelten Möhren und fein geschnittenem Rotkohl, die in manchen Supermärkten fertig erhältlich ist.

Lässt sich das Pitabrot nicht zu einer Tasche öffnen oder reißt es ein, erhitzt man es 10 Sekunden in der Mikrowelle, dann wird es weicher. Als Dressing kommt praktisch alles in Frage, ob Thousand Island, französisches oder Roquefort-Dressing, ganz nach Geschmack.

1 Portion

3/4 Tasse geraspelte Brokkoli-Stiele, Möhren und fein geschnittener Rotkohl
1/2 Tasse Tomaten, würfelig geschnitten
1/3 Tasse Gurken, geschält, entkernt, würfelig geschnitten
2 EL fettarmes Salatdressing
1 großes Pitabrot, eingeschnitten

1 In einer mittelgroßen Schüssel Brokkoli-Salat, Tomaten, Gurken und Salatdressing gut mit den Händen durchmischen.

2 Das Pitabrot an beiden Seiten zu »Taschen« einschneiden. Jede Tasche mit der Hälfte der Gemüsemischung füllen. Wird das Pitabrot nicht sofort serviert, in Alufolie oder einen Plastikbeutel packen, damit die Gemüsefüllung nicht herausfällt.

Für Semi-Vegetarier, Ovo-Lacto-Vegetarier und Lacto-Vegetarier (falls das Dressing keine Mayonnaise enthält).
Pro Portion: 267,7 kcal; 9,44 g Eiweiß; 5,82 g Fett; 45,16 g Kohlenhydrate; 5 mg Cholesterin; 588,41 mg Natrium; 2,63 mg Eisen; 93,99 mg Kalzium; 0 Vitamin B_{12}; 0,91 mg Zink.

Käse-»Steak«-Sandwich

Mein erstes vegetarisches Käse-»Steak« habe ich in einem kleinen vegetarischen Restaurant in New York City gegessen. Der Küchenchef, selbst sein Leben lang Vegetarier, führte mich in die Verwendung von Seitan ein, seither komme ich nicht mehr ohne aus. Seitan eignet sich bestens für Sandwiches, Chili, Tacos, Sloppy Joes und andere Rezepte mit Fleischersatz.
Etwas mehr Pfiff erhält das Sandwich, wenn man es mit fein geschnittenem Blattsalat und Tomaten belegt.

1 Portion

2 TL Olivenöl
1/2 kleine Zwiebel, in feine Ringe geschnitten
1/2 TL Knoblauch, gehackt
115 g Seitan, in dünne Streifen geschnitten
1 EL Worcestersauce
1 Baguette, etwa 30 cm lang, der Länge nach halbiert
2 Scheiben Provolone-Käse

1 In einer mittelgroßen Pfanne auf mittlerer Stufe das Olivenöl erhitzen. Zwiebeln und Knoblauch darin braten, bis die Zwiebeln leicht gebräunt sind, etwa 4 Minuten. Seitan und Worcestersauce dazugeben. Den Seitan von allen Seiten leicht bräunen und gründlich erhitzen, etwa 3 Minuten.

2 Die heiße Zwiebel-Seitan-Mischung aus der Pfanne auf die untere Hälfte des Baguettes geben und sofort mit den Käsescheiben belegen. Die obere Hälfte des Baguettes darauf legen. Einige Minuten warten, bis der Käse schmilzt, dann sofort servieren.

Für Semi-Vegetarier, Ovo-Lacto-Vegetarier und Lacto-Vegetarier.
Pro Portion: 870,24 kcal; 51,27 g Eiweiß; 31,35 g Fett; 94,26 g Kohlenhydrate; 52,65 mg Cholesterin; 1611,67 mg Natrium; 8,03 mg Eisen; 564,15 mg Kalzium; 0 Vitamin B_{12}; 0,98 mg Zink.

ABENDESSEN

Für das Abendessen bietet sich eine ganze Reihe von vegetarischen Gerichten an. Wer es gern exotisch mag, versucht sich an indischer oder thailändischer Küche, etwas vertrauter sind uns vegetarische Lasagne oder Chilis. Viele Rezepte in diesem Kapitel sind vollwertige Mahlzeiten oder lassen sich mit einem anderen Rezept zu einer vollwertigen Mahlzeit ergänzen.

Das Abendessen ist auch die beste Gelegenheit, in aller Ruhe mit Fleischersatzprodukten zu experimentieren. Wie wäre es mit Seitan-Tacos, vegetarischem »Steak«-Burger oder Tempeh-Pfanne? Niemand wird hier Fleisch vermissen.

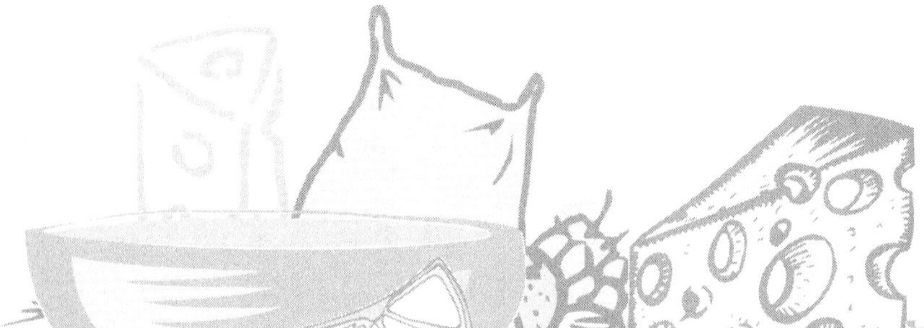

SALATE UND SALATDRESSINGS

Bunter Nacho-Salat

Ramen-Nudel-Salat

Denalis Erdbeer-Spinat-Salat

Frischer italienischer Salat

Megans Salat mit Feigen und Blauschimmelkäse

Vegetarischer Caesar-Salat

BUNTER NACHO-SALAT

Auch wer keinen Tofu mag, wird von diesem Rezept begeistert sein, denn in der Avocadocreme spürt man nichts vom Tofu. Dieses Gericht schmeckt am besten, wenn die Avocados Saison haben und im Garten die Tomaten reifen. Nach der Zubereitung nicht zu lange stehen lassen, sonst werden die Nachos weich. Die bunten Lagen dieses Salates kommen am schönsten in einer Glasschüssel zur Geltung.

4–6 Portionen

170 g fester Tofu
2 große reife Avocados, geschält und entkernt
1/2 l Salsa
1 Beutel (400 g) fertiger gemischter Salat (ohne Möhren) oder 1 Kopf Eissalat, in mundgerechte Stücke gerissen
3 Tassen zerkleinerte Nachos (Tortilla-Chips)
1 Dose (425 g) schwarze Bohnen, abgespült und abgetropft
4 Frühlingszwiebeln (grüne Teile), in Scheiben geschnitten
1 Tasse würziger Cheddar-Käse, gerieben
Leichtes Guacamole-Dressing (Rezept Seite 107)

1. Tofu und Avocados in der Küchenmaschine pürieren, etwa 30 Sekunden, bis sie cremig sind. 1/2 Tasse Salsa dazugeben und nochmals durchlaufen lassen.
2. In einer großen Schüssel die Hälfte des Salates, der Chips, Bohnen, Frühlingszwiebeln und des Käses lagenweise anrichten. Darüber kommt die Hälfte der Avocadomischung und eine 3/4 Tasse Salsa.
3. Die zweite Hälfte der Zutaten darüber schichten, mit der restlichen Salsa bedecken.
4. Abdecken und für höchstens 2 Stunden in den Kühlschrank stellen. Mit leichtem Guacamole-Dressing servieren.

Für Semi-Vegetarier, Ovo-Lacto-Vegetarier und Lacto-Vegetarier.
Pro Portion: 338,26 kcal; 14,13 g Eiweiß; 20,94 g Fett; 30,77 g Kohlenhydrate; 20,39 mg Cholesterin; 903,75 mg Natrium; 3,98 mg Eisen; 289,19 mg Kalzium; 0,01 µg Vitamin B_{12}; 1,18 mg Zink.

LEICHTES GUACAMOLE-DRESSING

Dieses Rezept ergibt nicht nur ein ausgezeichnetes Dressing für den Nacho-Salat, man kann es auch als Dip zu Chips oder frischem Gemüse genießen.

4–6 Portionen

- 1 1/2 Tassen fettarmen Naturjoghurt
- 1 große Avocado, geschält und entkernt
- 1/2 Tasse Frühlingszwiebeln, gehackt
- 2 EL frische Korianderblätter, gehackt
- 1/4 TL Knoblauchsalz
- 1/4 TL gemahlener Kreuzkümmel

1. Den Joghurt im Kühlschrank in einem feinmaschigen Sieb über einer Schüssel mindestens 2 Stunden abtropfen lassen, bis er sehr dick ist; die Flüssigkeit weggeben.
2. Den Joghurt mit der Avocado, den Frühlingszwiebeln, Korianderblättern, Knoblauchsalz und Kreuzkümmel im Mixer pürieren.
3. Das Dressing in eine Schüssel gießen und servieren.

Für Semi-Vegetarier, Ovo-Lacto-Vegetarier und Lacto-Vegetarier.
Pro Portion: 78,36 kcal; 3,15 g Eiweiß; 5,01 g Fett; 7,18 g Kohlenhydrate; 1,25 mg Cholesterin; 114,21 mg Natrium; 0,41 mg Eisen; 79,7 mg Kalzium; 0 Vitamin B_{12}; 0,13 mg Zink.

RAMEN-NUDEL-SALAT

Ramen oder Instant-Nudeln sind eigentlich chinesische Nudeln, die von der japanischen Küche übernommen wurden und sich auch bei uns steigender Beliebtheit erfreuen. Sie sind etwa so dick wie Spaghetti, sind leicht zuzubereiten, schmecken gut und sättigen. Dieses Rezept hebt sich etwas von der Masse der Ramen-Gerichte ab, die derzeit in den amerikanischen Küchen so beliebt sind.
Der Ramen-Nudel-Salat erinnert ein wenig an amerikanischen Krautsalat, nur werden dafür geraffelte Brokkoli verwendet, das cremige Dressing entfällt. In manchen Supermärkten findet man im Kühlregal der Gemüseabteilung fertig geraffelte Brokkoli.

4 Portionen

35 g Walnüsse, gehackt
1/4 Tasse Sesamsamen
1 Packung Ramen-Nudeln, orientalischer Geschmack, in der Packung grob zerkleinert, Würzmischung herausnehmen
1/3 Tasse Pflanzenöl
1/3 Tasse Reisessig
1/4 Tasse Zucker
450 g geraffelte Brokkoli
2 Bund Frühlingszwiebeln, weiße und grüne Teile, gehackt

1 Backofen auf 180° C vorheizen. Auf einem kleinen Backblech die Walnüsse, Sesamsamen und gebrochenen Ramen-Nudeln rösten, bis sie leicht gebräunt sind, etwa 10 Minuten.

2 In der Zwischenzeit in einer kleinen Schüssel Öl, Reisessig, Zucker und die Würzmischung verrühren.

3 In einer mittelgroßen Rührschüssel die gerösteten Nüsse, Sesamsamen, Nudeln, die geraffelten Brokkoli und die Frühlingszwiebeln mischen. Das Dressing unterrühren und servieren.

Für alle Arten von Vegetariern.
Pro Portion: 432,1 kcal; 8,88 g Eiweiß; 27,92 g Fett; 41,03 g Kohlenhydrate; 0 Cholesterin; 428,15 mg Natrium; 3,28 mg Eisen; 146,85 mg Kalzium; 0 Vitamin B_{12}; 1,42 mg Zink.

DENALIS ERDBEER-SPINAT-SALAT

Heute soll es etwas ganz Besonderes sein, für den einen, ganz Besonderen? Nun, die Liebe geht bekanntlich durch den Magen. Für ein romantisches Abendessen zu zweit bietet sich als Vorspeise dieser Salat an. Schneidet man die Erdbeeren senkrecht durch, sehen sie aus wie Herzen. Dieser pikante, knusprige Salat wird auf jeden Fall Eindruck machen.

4 Portionen

2 TL Butter
1/2 Tasse Mandelsplitter oder -blättchen
225 g frischer Spinat, gewaschen, entstielt und in mundgerechte Stücke gerissen
280g senkrecht halbierte oder in Scheiben geschnittene frische Erdbeeren
Für das Dressing:
1 EL Sesamsamen
2 TL Mohn
1/4 Tasse Zucker
1 TL Zwiebel, fein gehackt
1/8 TL Paprika
2 EL Apfelessig
2 EL Weißweinessig
1/4 Tasse Pflanzenöl

1. In einer kleinen Pfanne die Butter schmelzen und die Mandeln darin leicht anbraten. Abkühlen lassen.
2. In einer Salatschüssel Spinat, Mandeln und 1¼ Tassen Erdbeeren mischen. Den Salat in den Kühlschrank stellen, wenn er nicht sofort serviert werden soll.
3. Für das Dressing die Sesamsamen in einer Pfanne ohne Fett auf mittlerer Stufe rösten, dabei immer wieder rütteln, bis sie leicht gebräunt sind, etwa 3 Minuten. In einem Glas oder Plastikbecher mit gut schließendem Deckel die Sesamsamen mit den übrigen Dressing-Zutaten mischen und gut durchschütteln.
4. Kurz vor dem Servieren das Dressing unter den Salat ziehen, mit den übrigen Erdbeerherzen garnieren.

Für Semi-Vegetarier, Ovo-Lacto-Vegetarier und Lacto-Vegetarier.
Pro Portion: 313,72 kcal; 5,24 g Eiweiß; 23,66 g Fett; 22,76 g Kohlenhydrate; 5,18 mg Cholesterin; 66,05 mg Natrium; 2,38 mg Eisen; 142,97 mg Kalzium; 0 Vitamin B_{12}; 0,95 mg Zink.

FRISCHER ITALIENISCHER SALAT

Dieser unkomplizierte Salat lässt sich gut einige Stunden vor dem Abendessen vorbereiten. Kurz vorher macht man dann rasch das Dressing, und schon ist er fertig. Zu Mittag schmeckt er gut zu einem herzhaften Sandwich oder Nudelgericht oder auch ganz alleine.
Wer keine fertigen Salatmischungen mag, verwendet insgesamt 5 Tassen der folgenden Salate: rotblättriger Salat (zum Beispiel Eichblattsalat), Romana-Salat, Radicchio und ein wenig krausblättrige Endivie. Die italienische Note erhält er durch glatte Petersilie anstelle der krausen.

4 Portionen

Für den Salat:
1/2 kleine rote Zwiebel, in dünne Ringe geschnitten
3 EL Rotweinessig
1 Beutel (400 g) gemischte Blattsalate
1/3 Tasse frische glatte Petersilie, gehackt
2 ganze Frühlingszwiebeln, in dünne Scheiben geschnitten
1/4 Tasse Pinienkerne
1/2 Tasse gehobelter Parmesan (mit dem Käsehobel oder Gemüseschälmesser)
Für das Dressing:
3 EL natives Olivenöl extra
2 Knoblauchzehen, geschält und zerdrückt
1 EL Balsamico-Essig
1 EL Rotweinessig
1/2 TL brauner Zucker
Salz und frisch gemahlener Pfeffer, nach Geschmack

1. In einer kleinen Schüssel die rote Zwiebel mit dem Rotweinessig mischen und beiseite stellen. In einer großen Salatschüssel Blattsalate und Petersilie mischen. Frühlingszwiebeln, Pinienkerne und Parmesan darüber schichten. Bis zum Servieren kühl stellen.

2. Für das Dressing in einem kleinen Topf auf mittlerer Stufe das Olivenöl erhitzen. Den Knoblauch darin ganz wenig bräunen, etwa 3 Minuten. Rasch den Balsamico- und Rotweinessig dazugeben und 1 Minute köcheln lassen. Den braunen Zucker einrühren und eine weitere Minute köcheln lassen. 5 Minuten abkühlen lassen und mit Salz und Pfeffer würzen.

3. Die rote Zwiebel abtropfen lassen und über den Salat geben. Nun das heiße Dressing darüber gießen und alles gut durchrühren. Sofort servieren.

Für Semi-Vegetarier, Ovo-Lacto-Vegetarier und Lacto-Vegetarier.
Pro Portion: 230,43 kcal; 9,23 g Eiweiß; 18,48 g Fett; 8,71 g Kohlenhydrate; 9,84 mg Cholesterin; 266,2 mg Natrium; 2,75 mg Eisen; 242,64 mg Kalzium; 0,17 µg Vitamin B_{12}; 1,26 mg Zink.

Megans Salat mit Feigen und Blauschimmelkäse

Dieses Rezept wurde mir von meiner Freundin Megan Louie empfohlen, als ich ihr von meinem Einstieg in den Vegetarismus erzählte. Es ist sehr unkompliziert und schmeckt großartig! Megans Familie isst diesen Salat zu Rindfleischgerichten, ich mag ihn lieber zu Nudeln.
Man kann die Feigen auch versuchsweise durch in Scheiben geschnittene Aprikosen oder rote Äpfel ersetzen.

4 Portionen

- 140 g rotblättriger Salat, mundgerecht zerteilt
- 3 EL Reisweinessig
- 1 TL Olivenöl
- 8–10 frische oder getrocknete Feigen, würfelig geschnitten
- 55 g (etwa 1/3 Tasse) Blauschimmelkäse, zerbröckelt
- Frisch gemahlener Pfeffer nach Geschmack

1. Den Salat in eine große Salatschüssel geben und beiseite stellen.
2. In einer kleinen Rührschüssel den Essig mit dem Olivenöl verschlagen. Das Dressing über den Salat gießen und gut durchrühren.
3. Den Salat gleichmäßig auf 4 Teller verteilen. Jede Portion mit Feigen und Blauschimmelkäse bestreuen. Mit wenig gemahlenem Pfeffer würzen und sofort servieren.

Für Semi-Vegetarier, Ovo-Lacto-Vegetarier und Lacto-Vegetarier.
Pro Portion: 169,99 kcal; 4,66 g Eiweiß; 5,58 g Fett; 27,91 g Kohlenhydrate; 10,66 mg Cholesterin; 219,58 mg Natrium; 0,58 mg Eisen; 146,43 mg Kalzium; 0,17 µg Vitamin B_{12}; 0,57 mg Zink.

VEGETARISCHER CAESAR-SALAT

Wetten, dass du bei diesem Rezept das Dressing mit Anchovis und Eidotter, das so typisch für den Caesar-Salat ist, nicht vermisst? Der Salat kann solo mit frischem Brot oder zu heißen Nudeln serviert werden. Das Dressing lässt sich gut vorbereiten und im Kühlschrank aufbewahren, bis es gebraucht wird.

4 Portionen

- 1/2 TL Knoblauch, zerdrückt
- 2 TL Mayonnaise
- 1 Prise schwarzer Pfeffer, frisch gemahlen
- 1/4 Tasse Olivenöl oder ein anderes Pflanzenöl
- 3 EL Rotweinessig
- 1 Beutel (400 g) fertiger Romanasalat
- 4 EL Parmesan, gerieben

1 Knoblauch, Mayonnaise, Pfeffer, Öl und Essig in der Küchenmaschine etwa 10 Sekunden durchlaufen lassen, bis der Knoblauch ganz fein ist.
2 In einer großen Salatschüssel den Salat mit dem Dressing und dem Parmesan mischen. Sofort servieren.

Für Semi-Vegetarier und Ovo-Lacto-Vegetarier.
Pro Portion: 179,9 kcal; 4,31 g Eiweiß; 17,44 g Fett; 2,91 g Kohlenhydrate; 6,09 mg Cholesterin; 138,81 mg Natrium; 1,31 mg Eisen; 122,98 mg Kalzium; 0,09 µg Vitamin B_{12}; 0,46 mg Zink.

SUPPEN, CHILIS UND KARTOFFELN

Echt scharfer Chili

Schwarze Bohnen-Suppe

Minestrone

Gemüsesuppe »Seelentröster«

Kalte Beerensuppe

Ofenkartoffeln

ECHT SCHARFER CHILI

Echt scharfer Chili ist eines der beliebtesten Eintopfgerichte in meiner Familie, er schmeckt einfach jedem. Wem er zu scharf ist, der nimmt weniger Paprika. Reste kann man gut zwischendurch oder als rasches Abendessen verzehren oder als Fülle für das Chili-Käse-Omelette (Seite 67f.) verwenden.

5–6 Portionen

2 EL Pflanzenöl
1/2 Tasse Zwiebeln, gehackt
1 Selleriestange, grob gehackt
2 Knoblauchzehen, zerdrückt
1/2 Jalapeño-Pfefferschote, fein gehackt
1/2 grüner Paprika, fein gehackt
1 Dose (400 g) Tomaten
1 Dose (100 g) schwarze Oliven, in Scheiben geschnitten
1 EL Worcestersauce
1/3 Tasse TVP (texturiertes vegetabiles Protein)
1 EL Chilipulver
1/4 TL getrocknete Paprikaschoten oder Cayenne-Pfeffer
1 1/4 TL gemahlener Kreuzkümmel
1 1/2 Tassen Tomatensaft
1/2 Tasse Wasser
1 Dose (425 g) schwarze Bohnen, abgetropft
1 Dose (425 g) Chili-Bohnen, abgetropft
Salz und frisch gemahlener Pfeffer nach Geschmack

1 In einem Suppentopf mit dickem Boden das Olivenöl auf mittlerer Stufe erhitzen. Zwiebeln, Sellerie, Knoblauch, Jalapeño-Pfefferschote und grünen Paprika darin weich dünsten, etwa 10 Minuten. Tomaten mit Saft zugeben und mit dem Löffel zerdrücken.

2 Nun die Oliven, Worcestersauce, TVP, Chilipulver, Paprika oder Cayenne-Pfeffer, Kreuzkümmel, Tomatensaft, Wasser, schwarze Bohnen und Chili-Bohnen hineingeben. Mit Salz und Pfeffer würzen. Zum Kochen bringen, Hitze reduzieren und ohne Deckel etwa 30 Minuten köcheln lassen, dabei gelegentlich umrühren. Sofort servieren oder abkühlen lassen und über Nacht in den Kühlschrank stellen, damit sich die Aromen gut verbinden. Zum Erwärmen auf niedriger Stufe etwa 5 bis 10 Minuten köcheln lassen.

Für alle Arten von Vegetariern.
Pro Portion: 235,9 kcal; 13,56 g Eiweiß; 7,57 g Fett; 37,13 g Kohlenhydrate; 0,27 mg Cholesterin; 1056,09 mg Natrium; 4,55 mg Eisen; 140,75 mg Kalzium; 0,53 µg Vitamin B_{12}; 2,9 mg Zink.

SCHWARZE BOHNEN-SUPPE

Schwarze Bohnen-Suppe ist ein unkompliziertes, wohltuendes Gericht. Die Zutaten hat man meist vorrätig, die Zubereitung dauert nicht einmal eine halbe Stunde – ideal für jene Tage, an denen man nicht mehr die Energie und die Zeit hat, einkaufen zu gehen!
Du kannst natürlich auch einen Romanasalat, garniert mit Orangenscheiben und roter Zwiebel und einem Hauch von Vinaigrette, dazu reichen. Ideal ist diese Suppe zu Mexikanischem Auflauf (siehe Seite 142 f.).

3–4 Portionen

1 EL Streuwürze
2 Dosen (425–450 g) schwarze Bohnen, abgetropft
1¼ Tassen Gemüsebrühe
3 EL Olivenöl
2 EL frisch gepresster Zitronensaft
Salz und frisch gemahlener Pfeffer nach Geschmack
Fettarmer Sauerrahm, zum Garnieren
Gehackte rote Zwiebel, zum Garnieren
Gehackte Korianderblätter, zum Garnieren

1. Die Streuwürze in einem mittelgroßen Topf auf mittlerer Stufe leicht bräunen lassen, etwa 4 Minuten.

2. In der Küchenmaschine das heiße Gewürz, 1 Dose schwarze Bohnen, die Gemüsebrühe und das Olivenöl pürieren, bis eine beinahe glatte Mischung entsteht.

3. Im selben Topf das Püree mit der zweiten Dose Bohnen mischen. Zum Kochen bringen und Hitze reduzieren. 10 Minuten köcheln lassen, dabei gelegentlich umrühren. Den Zitronensaft einrühren, mit Salz und Pfeffer würzen. Mit Sauerrahm, roter Zwiebel und Korianderblättern garnieren. Sofort servieren.

Für Semi-Vegetarier, Ovo-Lacto-Vegetarier und Lacto-Vegetarier.
Pro Portion: 221,21 kcal; 9,35 g Eiweiß; 10,22 g Fett; 31,11 g Kohlenhydrate; 0 Cholesterin; 1980,74 mg Natrium; 3,09 mg Eisen; 69,88 mg Kalzium; 0,04 µg Vitamin B_{12}; 0,01 mg Zink.

MINESTRONE

Einige italienische Rezepte eignen sich ausgezeichnet für die vegetarische Küche. Dazu zählt mit Sicherheit dieses Rezept! Ich nahm einfach das alte Minestrone-Rezept meiner Mutter und änderte es nach meinem Geschmack ab. Veganer können auch noch den Käse weglassen. Bei dieser Suppe muss man anfangs sorgfältig darauf achten, dass das Gemüse nicht anbrennt.

6 Portionen

2 EL Olivenöl
1 große Zwiebel, fein gehackt
3 Selleriestangen mit Blättern, fein gehackt
2 Möhren, fein gehackt
1/2 TL Knoblauch, gehackt
1 Kartoffel, fein gehackt
3/4 TL getrockneter Rosmarin, zerstoßen
1 Dose (400–450 g) Tomaten, mit Saft, gehackt
1 Tasse Wasser
4 Tassen Gemüsebrühe
1 Dose (570 g) Kidney-Bohnen, abgetropft
1/2 Tasse Buchstabennudeln oder andere kleine Teigwaren (ohne Ei)
1/2 Tasse frisch geriebener Parmesan oder Pecorino

1 In einem großen Suppentopf das Olivenöl auf mittlerer Stufe erhitzen. Zwiebel, Sellerie, Möhren, Knoblauch und Kartoffel unter Rühren bräunen lassen, etwa 5 Minuten. Rosmarin dazugeben und unter Rühren 10 Sekunden anbraten.

2 Tomaten mit Saft und das Wasser dazugeben und zum Kochen bringen. Etwa 10 Minuten köcheln lassen. Die Brühe und die Bohnen zufügen, zum Kochen bringen und die Teigwaren einstreuen.

3 Die Hitze reduzieren und die Suppe teilweise abgedeckt und unter häufigem Rühren 20 Minuten köcheln lassen.

4 Jede Portion Suppe vor dem Servieren mit geriebenem Parmesan bestreuen.

Für Semi-Vegetarier, Ovo-Lacto-Vegetarier und Lacto-Vegetarier.
Pro Portion: 299,51 kcal; 15,48 g Eiweiß; 7,88 g Fett; 44,15 g Kohlenhydrate; 6,56 mg Cholesterin; 2361,13 mg Natrium; 1,26 mg Eisen; 168,55 mg Kalzium; 0,19 µg Vitamin B_{12}; 1,29 mg Zink.

GEMÜSESUPPE »SEELENTRÖSTER«

Suppe ist wohl eine der besten Seelentröster überhaupt! Was kann es Angenehmeres geben, als sich vor einen großen Teller dampfender Suppe zu setzen, wenn man müde ist und friert. Diese üppige, cremige Suppe bringt alles wieder ins Lot: ob es Zoff mit den Eltern gegeben hat oder Krach mit dem Freund. Und – sie ist im Nu fertig! Zu dieser herzhaften, aromatischen Suppe passt ein Sandwich oder ein Salat.

4 Portionen

- 4 EL Butter
- 500 g rohes Gemüse, würfelig geschnitten (Spargel, Erbsen, Brokkoli, Sellerie, Möhren, Zwiebel, Pilze, Blumenkohl . . . nach Wahl!)
- 1 l Gemüsebrühe
- 2 Tassen Schlagsahne
- 4 Eidotter, leicht verschlagen

1 In einem großen, schweren Topf die Butter auf niedriger Stufe schmelzen. Das Gemüse hineingeben und unter Rühren braten, bis es weich zu werden beginnt, aber noch nicht braun ist, etwa 5 Minuten.

2 Die Gemüsebrühe angießen und 10 Minuten köcheln lassen.

3 In einer Schüssel die Sahne mit den Eiern mischen. Die Mischung in die Suppe gießen. Auf niedriger Stufe unter ständigem Rühren in etwa 5 Minuten etwas eindicken lassen. Sofort servieren.

Für Semi-Vegetarier und Ovo-Lacto-Vegetarier.
Pro Portion: 609,2 kcal; 9,43 g Eiweiß; 60,89 g Fett; 9,89 g Kohlenhydrate; 406,75 mg Cholesterin; 2894,45 mg Natrium; 1,62 mg Eisen; 130,29 mg Kalzium; 0,85 µg Vitamin B_{12}; 1,26 mg Zink.

KALTE BEERENSUPPE

Beerensuppe ist ein erfrischendes, farbenprächtiges Gericht, das sich bestens für heiße Sommerabende eignet! Außerdem ist sie sehr vielseitig. Ich esse dazu gerne Sandwiches oder Nudeln, manchmal hebe ich mir sogar ein wenig für das Frühstück auf. Frische Beeren schmecken am besten, aber auch tiefgekühlte sind gut.

3–4 Portionen

225 g frische Erdbeeren, plus einige zum Garnieren (nach Wunsch)
120 g Heidelbeeren
1/2 Tasse Buttermilch
1/2 Tasse Sahne
225 g Vanillejoghurt
Zucker nach Geschmack

1 Die Erdbeeren, Heidelbeeren, Buttermilch, Sahne und Joghurt im Mixer gut pürieren, den Zucker zufügen.

2 Für 1 Stunde in den Kühlschrank stellen. Vor dem Servieren eventuell mit Erdbeeren garnieren.

Für Semi-Vegetarier, Ovo-Lacto-Vegetarier und Lacto-Vegetarier.
Pro Portion: 194,86 kcal; 4,93 g Eiweiß; 12,29 g Fett; 17,75 g Kohlenhydrate; 44,61 mg Cholesterin; 82,82 mg Natrium; 0,32 mg Eisen; 160,82 mg Kalzium; 0,42 µg Vitamin B_{12}; 0,77 mg Zink.

OFENKARTOFFELN

Ofenkartoffeln sind etwas Feines, wenn man nicht wirklich hungrig ist und keine Lust auf ein großes Abendessen hat. Sie können eine Mahlzeit oder auch nur Beilage sein.

1 Portion

- 1 Kartoffel

1 Backofen auf 220° C vorheizen.

2 Mehrmals mit der Gabel in die Kartoffel einstechen, damit der Dampf entweichen kann. Backen, bis sie ganz durch ist, etwa 45 Minuten.

Für alle Arten von Vegetariern.
Pro Portion: 132,98 kcal; 2,81 g Eiweiß; 0,12 g Fett; 30,74 g Kohlenhydrate; 0 Cholesterin; 9,76 mg Natrium; 1,66 mg Eisen; 12,2 mg Kalzium; 0 Vitamin B_{12}; 0,39 mg Zink.

FÜLLE:

Variante 1: Die heiße Kartoffel mit 1 EL Butter, 1/4 Tasse Sauerrahm oder Hüttenkäse füllen und mit Salz und frisch gemahlenem Pfeffer nach Geschmack würzen.
Variante 2: Über die heiße Kartoffel 1 Tasse heißen vegetarischen Chili aus der Dose oder »echt scharfen Chili« (Seite 116f.) geben, mit 1/4 Tasse geriebenem Cheddar-Käse und 2 EL feinen Zwiebelwürfeln bestreuen.
Variante 3: Die heiße Kartoffel halbieren und 3/4 Tasse gehacktes, geröstetes Gemüse (etwa Möhren, Paprikaschoten, Zwiebeln, Zuckererbsen, Brokkoli, Pilze etc.) und 1 EL Sojasauce darüber geben.

PIZZA UND PASTA

Schnelle Pizza mit Oliven und Artischockenherzen

Pizza »Gemüsegarten«

Fettuccine Primavera

Pesto-Pasta

Käse-Lasagne

Butter-Ravioli mit Champignons

Schnelle Pizza mit Oliven und Artischockenherzen

Ein Vorteil eines guten Pizza-Rezeptes ist die kurze Vorbereitungszeit. Je schneller die Pizza fertig ist, desto schneller kann man sie essen! Macht man die Pizza mit Pitabrot, muss man nicht erst einen Pizzateig zubereiten. Dieses Rezept erfordert nicht mehr als eine halbe Stunde Vorbereitung und schmeckt herrlich.
Nur zur Warnung: Sobald sich der Duft von Oliven und Artischockenherzen verbindet, wird das Aroma der frischen Pizza unwiderstehlich – man sollte immer einen Freund zur Seite haben, der einen davon abhält, sofort über die Pizza herzufallen (und beim Essen hilft)!

2 Portionen

2 Vollkorn-Pitabrote (15 cm Durchmesser), waagrecht halbiert
1 Glas (185 g) eingelegte Artischockenherzen
1½ Tassen geriebener Mozzarella
¼ Tasse frisch geriebener Parmesan
1 Dose (400 g) Tomatenwürfel, abgetropft
1 Tasse schwarze Oliven, entkernt und grob gehackt
2 TL getrockneter Oregano

1 Backofen auf 230° C vorheizen. Die Artischockenherzen abtropfen lassen, große Stücke halbieren, die Marinade aufbewahren. Die Pita-Brote auf ein Backblech legen und beide Seiten mit ein wenig Artischocken-Marinade bepinseln. Etwa 3 Minuten backen, bis die Brote Farbe annehmen. Auf dem Backblech 5 Minuten abkühlen lassen.

2 Das Brot mit dem geriebenen Mozzarella und Parmesan bestreuen, dabei am Rand etwa 6 mm frei lassen. Mit Tomaten, Oliven, Oregano und Artischockenherzen belegen. Einige Tropfen Artischocken-Marinade darüber geben.

3 Die Pizza backen, bis sie gründlich erwärmt ist, etwa 4 Minuten. In Stücke schneiden und genießen!

Für Semi-Vegetarier, Ovo-Lacto-Vegetarier und Lacto-Vegetarier.
Pro Portion: 671,3 kcal; 33,6 g Eiweiß; 36 g Fett; 60,95 g Kohlenhydrate; 76,28 mg Cholesterin; 2171,86 mg Natrium; 6,91 mg Eisen; 735,83 mg Kalzium; 0,73 µg Vitamin B_{12}; 3,46 mg Zink.

PIZZA »GEMÜSEGARTEN«

Pizza ist ein vielseitiges Gericht, das jeder nach seinem Geschmack abwandeln kann. Man belegt sie mit dem, was der Garten gerade hergibt, experimentiert mit Formen und Größen. Dieses Rezept ist für eine große Pizza oder mehrere kleine berechnet. Die Vorbereitung dauert etwas länger, daher mache ich die Pizza gerne an Freitagabenden, wenn meine Freunde vorbeikommen. Zusammen mit einem vegetarischen Caesar-Salat (Seite 113) ergibt sie ein köstliches Abendessen.

4–6 Portionen

Für den Pizzateig:
1 Tasse lauwarmes Wasser (40–45°C)
1 TL Zucker
1 Packung Trockenhefe
1 EL Olivenöl, etwas Olivenöl für Schüssel und Backblech
1/2 TL Salz
1 Tasse Weizenvollkornmehl
2 Tassen Universalmehl
Für den Belag:
450 g Mozzarella, gerieben
3 Tassen fertige Pizzasauce oder hausgemachte Pizzasauce (Rezept folgt)
Beliebige Gemüse, bunt gemischt, etwa Paprikaschoten, Champignons, Artischockenherzen, Zwiebeln, Tomaten, Zucchini, Brokkoli, nach Wunsch auch Pesto
3/4 Tasse frisch geriebener Parmesan

1 Für den Pizzateig in einer großen Rührschüssel Wasser, Zucker, Hefe, Olivenöl und Salz gut verrühren.

2 Das Weizenvollkornmehl und 1 1/2 Tassen Universalmehl einrühren, es entsteht ein fester Teig. In diesen nun nach und nach das restliche Mehl einarbeiten, bis der Teig nicht mehr klebrig ist. Auf einer leicht bemehlten Arbeitsfläche 5 Minuten durchkneten, eventuell noch Mehl einarbeiten, bis ein weicher, elastischer Teig entsteht.

3 Die Rührschüssel auswaschen und trocknen. Mit wenig Olivenöl bepinseln, den Teig in die Schüssel geben. Mit einem leicht angefeuchteten Geschirrtuch abdecken. Die Rührschüssel in ein flaches Gefäß mit 2 Tassen heißem Wasser stellen. An einem warmen, geschützten Ort aufgehen lassen, bis der Teig sein Volumen verdoppelt hat, etwa 30 Minuten. In der Zwischenzeit die Pizzasauce vorbereiten.

4 Backofen auf 200° C vorheizen. Ein großes Backblech mit wenig Öl bepinseln. Den Teig auf das Blech geben und gleichmäßig verteilen, die Ränder etwas dicker lassen. Den Teig mit der Hälfte des Mozzarella-Käses belegen, dabei am Rand etwa 2,5 cm frei lassen. Nun die Pizzasauce gleichmäßig über den Käse verteilen, den restlichen Mozzarella auf die Sauce legen.

5 Die Pizza wie gewünscht belegen, man kann den Belag auch weglassen. Den Parmesan gleichmäßig über die Pizza streuen. Die Pizza etwa 20 Minuten backen, bis der Teig ganz durch ist und der Belag gegart ist.

Für Semi-Vegetarier, Ovo-Lacto-Vegetarier und Lacto-Vegetarier.
Pro Portion: 564,93 kcal; 29,34 g Eiweiß; 23,17 g Fett; 61,6 g Kohlenhydrate; 69,11 mg Cholesterin; 752,54 mg Natrium; 4,61 mg Eisen; 576,73 mg Kalzium; 0,67 µg Vitamin B_{12}; 3,02 mg Zink.

HAUSGEMACHTE PIZZASAUCE

Eine hausgemachte Pizzasauce ist etwas aufwändiger, schmeckt aber weit besser als die fertige. Du kannst sie zubereiten, während der Pizzateig geht.

Ergibt: 3 Tassen

2 EL Olivenöl
1 große Zwiebel, in dünne Scheiben geschnitten
4 Knoblauchzehen, zerdrückt
2 Dosen (je 225 g) passierte Tomaten
1/4 Tasse Tomatenmark
2 TL Zucker
1 TL getrockneter Oregano
Salz und frisch gemahlener Pfeffer nach Geschmack

1 In einem Topf mit etwa 25 cm Durchmesser das Olivenöl auf mittlerer Stufe erhitzen. Zwiebel und Knoblauch darin glasig dünsten, etwa 5 Minuten. Passierte Tomaten, Tomatenmark, Zucker und Oregano einrühren. Mit Salz und Pfeffer würzen.

2 Auf niedriger Stufe etwa 10 Minuten köcheln lassen, gelegentlich umrühren und probieren, eventuell mit etwas Wasser verdünnen. Die Sauce sollte etwa die Konsistenz von Ketchup haben.

Für alle Arten von Vegetariern.
Pro Portion: 181,06 kcal; 3,79 g Eiweiß; 9,45 g Fett; 24,16 g Kohlenhydrate; 0 Cholesterin; 1089,69 mg Natrium; 2,03 mg Eisen; 57,31 mg Kalzium; 0 Vitamin B_{12}; 0,63 mg Zink.

FETTUCCINE PRIMAVERA

Es macht Spaß, Fettuccine zu schlürfen und um die Gabel zu wickeln, auch wenn man das Schlürfen in Gesellschaft besser lassen sollte! Die sahnige Sauce mit Frühlingsgemüse schmeckt köstlich und sättigt sehr.
Für einfache Fettuccine Alfredo lässt man das Gemüse weg und erhitzt nur Sahne und Butter. Dazu ein großes Stück Brot reichen.

4 Portionen

10 ganze Spargelstangen
4 EL Butter
1/2 Tasse Zwiebeln, gehackt
1/2 TL Knoblauch, gehackt
3 Möhren, würfelig geschnitten
2 Stangen Sellerie, würfelig geschnitten
160g Zucchini, würfelig geschnitten
50g rote Paprikaschote, würfelig geschnitten

Salz und frisch gemahlener Pfeffer nach Geschmack
4 l Wasser, gesalzen
450 g Fettuccine (ohne Ei)
1 1/2 Tassen Sahne
1/2 Tasse frisch geriebener Parmesan

1 Die Spargelenden abschneiden, die unteren Teile schälen. In einem mittelgroßen Topf den Spargel in Salzwasser weich kochen, etwa 5 Minuten. Herausheben und etwas abkühlen lassen. In ca. 2,5 cm lange Stücke schneiden und beiseite stellen.

2 In einem weiten Topf die Butter auf mittlerer Stufe schmelzen. Zwiebel und Knoblauch darin leicht bräunen, etwa 5 Minuten. Möhren und Sellerie hineingeben und etwa 5 Minuten dünsten.

3 Zucchini und Paprikaschoten dazugeben und dünsten, bis alle Gemüse weich und leicht gebräunt sind, etwa 10 Minuten. Mit Salz und Pfeffer würzen.

4 In einem großen Topf das Wasser zum Kochen bringen. Die Nudeln darin weich kochen, etwa 14 Minuten.

5 Den Spargel zur Gemüsemischung geben und etwa 1 Minute mitdünsten. Nun die Sahne einrühren und etwa 5 Minuten köcheln lassen, dabei gelegentlich umrühren, bis die Sahne um die Hälfte reduziert ist.

6 Die Nudeln abseihen und mit der Gemüsesauce und dem Parmesan mischen. Sofort servieren.

Für Semi-Vegetarier, Ovo-Lacto-Vegetarier und Lacto-Vegetarier.
Pro Portion: 835,35 kcal; 21,33 g Eiweiß; 50,82 g Fett; 79,22 g Kohlenhydrate; 163,18 mg Cholesterin; 643 mg Natrium; 3,63 mg Eisen; 279,79 mg Kalzium; 0,35 µg Vitamin B_{12}; 0,75 mg Zink.

PESTO-PASTA

Pesto-Pasta ist eine schmackhafte Alternative zu den guten alten Spaghetti mit Tomatensauce. Basilikum und Pinienkerne machen das Gericht so würzig wie kein anderes.
Falls jemand Pesto nicht kennt: Pesto ist eine dicke, grüne Sauce aus frischem Basilikum, Knoblauch, Pinienkernen und Olivenöl. Es lässt sich gut einfrieren und ist dann rasch zur Hand.

6 Portionen

4 l Wasser, leicht gesalzen
120 g frische Basilikumblätter
3 EL Pinienkerne
2 TL Knoblauch, zerdrückt
1/2 Tasse Olivenöl
2/3 Tasse frisch geriebener Parmesan
3/4 TL Salz
450 g Farfalle (ohne Ei)

1 In einem großen Topf das Wasser zum Kochen bringen.

2 Inzwischen das Basilikum mit den Pinienkernen und dem Knoblauch in der Küchenmaschine fein zerkleinern, etwa 1 Minute. Das Olivenöl zugießen und verrühren. Parmesan und Salz dazugeben und nochmals durchlaufen lassen.

3 Sobald das Wasser kocht, die Farfalle hineingeben und weich kochen, etwa 10 bis 13 Minuten. Wasser abgießen.

4 In einer großen Servierschüssel die Nudeln mit einer 3/4 Tasse Pesto mischen. Sofort servieren.

Für Semi-Vegetarier, Ovo-Lacto-Vegetarier und Lacto-Vegetarier.
Pro Portion: 610,27 kcal; 24,21 g Eiweiß; 26,09 g Fett; 72,08 g Kohlenhydrate; 8,74 mg Cholesterin; 518,41 mg Natrium; 19,4 mg Eisen; 961,01 mg Kalzium; 0,16 µg Vitamin B_{12}; 1,52 mg Zink.

KÄSE-LASAGNE

Diese cremige Lasagne mit drei Käsesorten wird sicher eines deiner Lieblingsgerichte. Mit fettarmem Käse ist sie nicht einmal besonders fett. Dazu passen ein einfacher Salat und ein Glas Milch.
Lasagneblätter, die nicht gekocht werden müssen, sparen Zeit. Andernfalls kocht man die Lasagneblätter wie auf der Packung angegeben.

4–6 Portionen

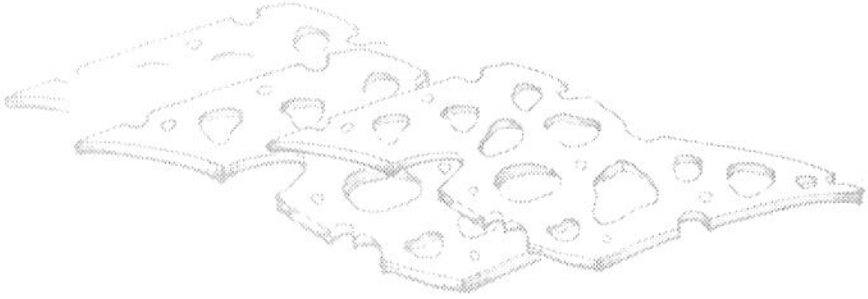

2 EL Olivenöl
1/2 Zwiebel, fein gehackt
1 TL Knoblauch, zerdrückt
6 große Tomaten, gehackt
1 TL getrockneter Oregano
2 EL frisches Basilikum, gehackt, oder 2 TL getrocknetes Basilikum
1/4 TL frisch gemahlener Pfeffer
6 Lasagneblätter (ohne Ei)
1 Zucchini, würfelig geschnitten
8–9 Champignons, würfelig geschnitten
100 g frische Spinatblätter, gründlich gewaschen
240 g fettarmer Ricotta-Käse
2 Tassen fettarmer Mozzarella, gerieben
3/4 Tasse frisch geriebener Parmesan

1 Backofen auf 180° C vorheizen. In einem weiten Topf 1 EL Olivenöl auf mittlerer Stufe erhitzen. Zwiebel und Knoblauch darin unter häufigem Rühren 5 Minuten andünsten.

2 Die Tomaten in der Küchenmaschine pürieren. Zu den Zwiebeln in den Topf geben, Oregano, Basilikum und Pfeffer zufügen und 15 Minuten köcheln lassen.

3 Eine Auflaufform von etwa 33 x 23 cm mit 1 EL Olivenöl einfetten. Den Boden der Form mit Tomatensauce bedecken. Darauf kommen 3 Lasagneblätter, dann jeweils die Hälfte der Zucchini, Champignons und Spinatblätter, darüber die Hälfte des Käses. Den Vorgang wiederholen und mit der restlichen Tomatensauce bedecken. Etwa 40 Minuten backen. Sofort servieren.

Für Semi-Vegetarier, Ovo-Lacto-Vegetarier und Lacto-Vegetarier.
Pro Portion: 443,71 kcal; 30,1 g Eiweiß; 21,89 g Fett; 33,85 g Kohlenhydrate; 56,86 mg Cholesterin; 551,19 mg Natrium; 3,36 mg Eisen; 551,19 mg Kalzium; 0,72 µg Vitamin B_{12}; 3,25 mg Zink.

BUTTER-RAVIOLI MIT CHAMPIGNONS

Viele Vegetarier essen Champignons anstelle von Fleisch. Die gebräunte Butter verleiht den Champignons einen nussigen Geschmack, dazu Ravioli – und man hat ein üppiges, schmackhaftes Gericht.
Wer keine Pesto-Ravioli bekommt, ersetzt sie durch andere vegetarische Ravioli, etwa mit einer Fülle aus Spinat und Ricotta-Käse oder aus Knoblauch und rotem Paprika. Dazu passt ein Salat oder Gemüse.

3–4 Portionen

4 l Wasser, leicht gesalzen
450 g Pesto-Ravioli
2 braune Champignons
4 EL Butter

1 Das Wasser in einem großen Topf zum Kochen bringen. Die Ravioli hineingeben und 10 Minuten kochen.

2 Die Champignons in etwa 1 cm breite Streifen schneiden.

3 In einem weiten Topf die Butter auf niedriger Stufe 2 bis 3 Minuten erhitzen, bis sie an den Rändern braun zu werden beginnt. Die Champignons hineingeben und 5 Minuten dünsten. Danach wenden und weitere 5 Minuten dünsten.

4 Die Ravioli abseihen und zu den Champignons geben. Sofort servieren.

Für Semi-Vegetarier, Ovo-Lacto-Vegetarier und Lacto-Vegetarier.
Pro Portion: 369,42 kcal; 13,2 g Eiweiß; 21,57 g Fett; 32,88 g Kohlenhydrate; 89,36 mg Cholesterin; 278,48 mg Natrium; 1,69 mg Eisen; 215,48 mg Kalzium; 0,02 µg Vitamin B_{12}; 0,01 mg Zink.

Tacos, Tostadas und Enchiladas

Käse-Enchiladas mit Schokoladensauce

Seitan-Tacos

Bunt belegte Tostadas

Mexikanischer Auflauf

Vegetarische Quesadillas

KÄSE-ENCHILADAS MIT SCHOKOLADENSAUCE

Enchiladas sind weiche Tortillas, die man in eine Sauce taucht und wie Lasagne backt. Käse-Enchiladas sind seit langem einer meiner Favoriten aus der mexikanischen Küche. Die Schokoladensauce dürfte ihren Ursprung bei den Azteken Mexikos haben, wo bittere Schokoladensauce nur den Königen vorgesetzt wurde. Die Schokolade ist zwar bitter, die Sauce aber nicht. Chilis, Nüsse und Gemüse mildern den Geschmack, sie hat sogar ein leichtes Räucheraroma. Die Enchiladas serviert man mit Bohnen auf Eissalat und Tomaten.

4–6 Portionen

2 kleine Zwiebeln
1 Dose (115 g) grüne geröstete Chilis, würfelig geschnitten
4 große, reife Tomaten, geschält, entkernt und gehackt
1½ TL Knoblauch, zerdrückt
¼ Tasse Semmelbrösel oder ¼ Tasse gekochter brauner Reis
¼ Tasse rohe Erdnüsse
¼ Tasse blanchierte Mandeln
¼ TL gemahlener Zimt
½ TL grob gemahlener schwarzer Pfeffer
½ TL Salz
¼ Tasse Olivenöl
60 g Bitterschokolade, gehackt
2 Tassen Gemüsebrühe
450 g milder Cheddar-Käse, gerieben
12 Mais-Tortillas (15 cm Durchmesser)

1 In der Küchenmaschine 1 Zwiebel, Chilis, Tomaten, Knoblauch, Brösel oder Reis, Erdnüsse, Mandeln, Zimt, Pfeffer und Salz fein hacken, aber nicht pürieren.

2 In einem schweren, mittelgroßen Topf das Olivenöl auf mittlerer Stufe erhitzen. Die Chili-Mischung und die Schokolade hineingeben und erhitzen, dabei gelegentlich umrühren, bis die Schokolade schmilzt, das dauert etwa 3 Minuten. Die Gemüsebrühe zugießen und auf mittlerer Stufe köcheln lassen, bis die Sauce eindickt, etwa 20 Minuten.

3 Backofen auf 180° C vorheizen. Die zweite Zwiebel fein hacken. In einer kleinen Schüssel Zwiebel und geriebenen Käse mischen. Eine Auflaufform von 33 x 23 cm mit Alufolie auslegen.

4 Sobald die Sauce fertig ist, 1 Tortilla mit beiden Seiten in die Sauce tauchen, auf einen Teller legen. 1/4 Tasse Käsemischung über den unteren Rand der Tortilla streuen. Diese vom unteren Rand her einrollen und mit der Öffnung nach unten in die Auflaufform legen.

5 Mit den restlichen Tortillas ebenso verfahren, eng nebeneinander in die Auflaufform legen. Die übrige Sauce über die Enchiladas gießen und gleichmäßig verteilen. Den restlichen Käse darüber streuen. 15 bis 18 Minuten backen, bis die Sauce Blasen wirft. Sofort servieren.

Für Semi-Vegetarier, Ovo-Lacto-Vegetarier und Lacto-Vegetarier.
Pro Portion: 681,76 kcal; 28,67 g Eiweiß; 46,55 g Fett; 46,04 g Kohlenhydrate; 81 mg Cholesterin; 2078,35 mg Natrium; 3,01 mg Eisen; 688 mg Kalzium; 0,04 µg Vitamin B_{12}; 1,54 mg Zink.

SEITAN-TACOS

Seitan ist ein Fleischersatz aus Weizengluten. Es ist von seiner Konsistenz her fester und zäher als Tofu oder Tempeh und eignet sich daher bestens für Tacos. Manche Menschen finden, dass Seitan fast zu sehr nach Fleisch schmeckt, aber es ist fettfrei und unschlagbar im Geschmack! Seitan findet man im Kühlregal von Bioläden.

2–3 Portionen

- 2 EL Olivenöl
- 1 kleine Zwiebel, gehackt
- 1 Packung (225 g) Seitan natur
- 1 EL getrocknetes Taco-Gewürz
- 110 g passierte Tomaten
- 4–5 harte Tacos
- 60 g Salatblätter
- 1 große Tomate, würfelig geschnitten
- 3/4 Tasse Cheddar-Käse, gerieben
- Sauerrahm, zum Garnieren
- Salsa, zum Garnieren

1 Backofen auf 190° C vorheizen. In einer großen, schweren Pfanne das Öl auf niedriger Stufe erhitzen. Die Zwiebeln darin glasig dünsten, etwa 5 Minuten.

2 Seitan aus der Packung nehmen und abtropfen lassen. Das Seitan zerbröckeln oder in kleine Stücke reißen und in die Pfanne geben. Taco-Gewürz und passierte Tomaten einrühren und 5 Minuten dünsten.

3 In der Zwischenzeit die Tacos auf das Backblech legen und im Backofen 5 Minuten erwärmen.

4 Jedes Taco mit der Seitan-Mischung füllen, jeweils mit Salat, Tomaten, Käse, Sauerrahm und Salsa belegen. Sofort servieren.

Für Semi-Vegetarier, Ovo-Lacto-Vegetarier und Lacto-Vegetarier.
Pro Portion: 435,66 kcal; 26,18 g Eiweiß; 24,17 g Fett; 30,84 g Kohlenhydrate; 30,73 mg Cholesterin; 929,13 mg Natrium; 4,24 mg Eisen; 280,14 mg Kalzium; 0,23 µg Vitamin B_{12}; 1,43 mg Zink.

BUNT BELEGTE TOSTADAS

Tostadas ähneln den Tacos, nur sind sie eben flach und nicht zusammengeklappt. Tostadas gibt es in vielen Supermärkten bei den Tortillas. Man isst Tostadas mit den Fingern, muss aber damit rechnen, dass man etwas Sauerrahm auf die Nase kriegt und der bunt gemischte Belag über den Teller verstreut wird! Ich mag dieses Rezept, weil es schnell fertig ist und auch nicht so fettig ist, wie viele Tostadas im Restaurant. Besonders würzig wird das Gericht mit etwas Salsa oder Jalapeño-Scheiben.

4 Portionen

1 Dose (400 g) Bohnen
2 EL Wasser
Öl für das Backblech
9 knusprige Mais-Tostadas
2 Tassen geriebener Cheddar-Käse
60 g Salatblätter
1 große Tomate, würfelig geschnitten
2 reife Avocados, würfelig geschnitten
1 Tasse Sauerrahm

1 Grill vorheizen. Die Bohnen zerdrücken und mit etwas Wasser in ein für die Mikrowelle geeignetes Gefäß geben. Auf höchster Stufe 2 Minuten erhitzen, bis sie warm sind.

2 Ein Backblech leicht einfetten und die Tostadas darauf legen. Die Bohnen gleichmäßig auf die Tostadas verteilen, den Käse darüber streuen. Die Tostadas für 3 bis 5 Minuten überbacken, bis der Käse schmilzt.

3 Das Backblech aus dem Backofen nehmen und Salat, Tomaten und Avocados auf die Tostadas legen. Die Tostadas mit etwas Sauerrahm garnieren und sofort servieren.

Für Semi-Vegetarier, Ovo-Lacto-Vegetarier und Lacto-Vegetarier.
Pro Portion: 724,49 kcal; 25,81 g Eiweiß; 52,13 g Fett; 44,19 g Kohlenhydrate; 84,85 mg Cholesterin; 858,06 mg Natrium; 4,16 mg Eisen; 601,77 mg Kalzium; 0,64 µg Vitamin B_{12}; 2,74 mg Zink.

MEXIKANISCHER AUFLAUF

Diesen wohlschmeckenden, würzigen Auflauf mag meine Familie seit vielen Jahren. Man kann ihn am Vortag zubereiten, wir essen dazu Schwarze Bohnen-Suppe (Seite 117 f.) und einen knackigen Salat.
Dieses Rezept ist etwas schwieriger als die bisherigen. Vielleicht kann deine Mutter ein wenig helfen; der Auflauf ist so köstlich, dass ihr das bestimmt nichts ausmacht! Wer keinen tiefgekühlten Kürbis bekommen kann, ersetzt ihn durch Dosenkürbis.

4–5 Portionen

1 EL Olivenöl
2 1/4 Tassen tiefgekühlte Maiskörner
1 Jalapeño-Pfefferschote, entkernt und fein gehackt
1 Knoblauchzehe, zerdrückt
1/2 TL gemahlener Kreuzkümmel
3/4 TL getrockneter Oregano
1 EL Chilipulver
1 Dose (200 g) geröstete grüne Poblano-Chilis, würfelig geschnitten
1 Dose (410 g) Tomatenwürfel mit Saft, abgetropft, 3/4 Tasse Saft aufheben
35 g Frühlingszwiebeln, weiße Teile und 5 cm grüne Teile, in dünne Ringe geschnitten
1/4 Tasse frische Korianderblätter, gehackt
Salz und frisch gemahlener Pfeffer nach Geschmack
3/4 Tasse würziger Cheddar-Käse, gerieben
1 Tasse milder Halbhartkäse, gerieben
3 1/2 Tassen Wasser
1 Tasse gelber Maisgrieß
1/2 Tasse Sauerrahm
1 Packung (285 g) tiefgekühlter, gegarter Kürbis, aufgetaut
1 große Tomate, in dünne Scheiben geschnitten

1 In einer großen, schweren Pfanne das Olivenöl auf mittlerer Stufe erhitzen. Die Maiskörner hineingeben und etwa 5 Minuten bräunen, gelegentlich umrühren. Jalapeño-Pfefferschote, Knoblauch, Kreuzkümmel, Oregano und Chilipulver dazugeben, 2 Minuten dünsten.

2 Die Pfanne vom Herd nehmen. Poblano-Chilis, Tomatenwürfel, 1/2 Tasse des Tomatensaftes, Frühlingszwiebeln und Korianderblätter einrühren. Mit Salz und Pfeffer würzen und beiseite stellen.

3 Backofen auf 180° C vorheizen. Eine 18 x 28 cm große Auflaufform leicht einfetten. In einer kleinen Schüssel den Cheddar mit dem Halbhartkäse mischen.

4 In einem schweren, mittelgroßen Topf das Wasser mit einem 3/4 TL Salz zum Kochen bringen. Den Maisgrieß unter ständigem Rühren mit dem Schneebesen langsam einlaufen lassen, sorgfältig rühren, damit sich keine Klumpen bilden. Hitze auf niedrig reduzieren und kochen lassen, bis ein weicher, dicker Brei entsteht, etwa 3 bis 5 Minuten, dabei häufig umrühren. Vom Herd nehmen und den Sauerrahm einrühren.

5 Zwei Drittel des Maisbreis in der Auflaufform verteilen. (Mit angefeuchteten Händen klebt der Maisbrei nicht so an den Fingern.) Den Kürbis in der Packung gut mit dem Saft mischen und dann gleichmäßig über den Maisbrei verteilen. Mit Salz und Pfeffer würzen.

6 1 Tasse Käsemischung über den Kürbis streuen. Darüber kommt nun die Maismischung. Den restlichen Maisbrei über die Maiskörner verteilen, mit Tomatenscheiben belegen, leicht andrücken. Mit Salz und Pfeffer würzen. Mit der restlichen 1/4 Tasse Tomatensaft beträufeln und mit dem restlichen Käse bestreuen.

7 Etwa 45 Minuten backen, bis der Auflauf goldbraun ist. Vor dem Servieren 15 Minuten abkühlen lassen.

Für Semi-Vegetarier, Ovo-Lacto-Vegetarier und Lacto-Vegetarier.

Pro Portion: 451,68 kcal; 17,39 g Eiweiß; 21,96 g Fett; 53,17 g Kohlenhydrate; 48,33 mg Cholesterin; 554,03 mg Natrium; 3,5 mg Eisen; 389,4 mg Kalzium; 0,26 µg Vitamin B_{12}; 1,83 mg Zink.

VEGETARISCHE QUESADILLAS

Quesadillas sind mit Käse gefüllte und gratinierte Tortillas und im Nu fertig. Für eine schnelle Quesadilla zwischendurch nimmst du eine kleine Tortilla (15 cm Durchmesser), füllst sie mit etwas Käse und gibst sie in die Mikrowelle. Abwechslung bringen verschiedene Käsesorten (etwa Mozzarella), fettarmer Käse reduziert den Kaloriengehalt.

2 Portionen

2 Weizentortillas (25–28 cm Durchmesser)
1 Tasse Cheddar-Käse, gerieben
1/2 rote oder grüne Paprikaschote, in dünne Scheiben geschnitten
1 EL fettarmer Sauerrahm
1/2 kleine Tomate, würfelig geschnitten
1/4 Avocado, würfelig geschnitten

1 1 Tortilla auf einen für die Mikrowelle geeigneten Teller legen. Den Käse gleichmäßig darüber streuen, dabei am Rand etwa 1,5 cm frei lassen. Die Paprikascheiben auf den Käse legen.

2 Nun die zweite Tortilla auf Käse und Paprika legen. In der Mikrowelle auf höchster Stufe etwa 1 Minute erhitzen, bis der Käse schmilzt.

3 Die Quesadilla in keilförmige Stücke schneiden wie eine Pizza. In die Mitte den Sauerrahm geben. Mit Tomaten- und Avocadowürfeln bestreuen und sofort servieren.

Für Semi-Vegetarier, Ovo-Lacto-Vegetarier und Lacto-Vegetarier.
Pro Portion: 521,53 kcal; 21,50 g Eiweiß, 28,19 g Fett; 46,22 g Kohlenhydrate; 61,82 mg Cholesterin; 707,76 mg Natrium; 3,25 mg Eisen; 513,56 mg Kalzium; 0,47 µg Vitamin B_{12}; 2,42 mg Zink.

HAMBURGER, AUFLÄUFE UND PASTETEN

»Steak«-Burger

Würzige Tempeh-Burger

Gemüsepastete

Überbackene Auberginen

Spaghettiauflauf

Sarahs Zucchini-Boote

»STEAK«-BURGER

Nichtvegetarier gehen zu besonderen Anlässen gerne in ein Restaurant und bestellen sich ein dickes Steak. Wer lieber auf Fleisch verzichtet, aber dennoch gerne etwas Besonderes, Wohlschmeckendes genießen möchte, für den gibt es braune Champignons. Diese großen, dicken Champignons lassen sich auf vielerlei Arten zubereiten und haben ein kräftiges Aroma, das ein wenig an Geräuchertes erinnert.
Zum Burger reicht man Bratkartoffeln und einen knackigen Salat.

4 Portionen

3 EL Pflanzenöl
1 kleine Zwiebel, fein gehackt
1/2 TL Knoblauch, zerdrückt
1 Tasse TVP (texturiertes vegetabiles Protein)
1 Tasse Tomatensaft, erwärmt
1/4 Tasse Haferflocken
1 EL Streuwürze
4 braune Champignons
4 Hamburger-Brötchen aus Weizenvollkornmehl
Belag (Blattsalat, Tomaten, eingelegtes Gemüse, gebratene Zwiebel, Avocado etc.)
Saucen (Mayonnaise, Senf, Ketchup, Barbecue-Sauce)

1 In einer mittelgroßen Pfanne 1 EL Pflanzenöl auf mittlerer Stufe erhitzen. Zwiebel und Knoblauch darin etwa 5 Minuten leicht bräunen.

2 In einer mittelgroßen Schüssel die 2 EL Pflanzenöl mit TVP, Tomatensaft, Haferflocken und Streuwürze mischen. Gut durchrühren. Zwiebelmischung dazugeben und unterrühren.

3 Mit den Händen aus der TVP-Masse 4 Burger formen. Jeder Burger sollte etwa 1 cm dick sein und etwa 10 cm Durchmesser haben. Die Burger und die braunen Champignons in eine große, leicht gefettete Pfanne legen und auf mittlerer Stufe braten, bis sie leicht gebräunt sind, das dauert etwa 5 Minuten. Die Burger und die Pilze wenden und weitere 5 Minuten braten.

4 Jeweils einen gebratenen Pilz auf die untere Hälfte eines Hamburger-Brötchens legen, darüber einen Burger. Mit Belag und Sauce nach Wahl ergänzen und sofort servieren.

Für alle Arten von Vegetariern (Burger ohne Mayonnaise).
Pro Portion: 365,58 kcal; 32,25 g Eiweiß; 12,43 g Fett; 43,54 g Kohlenhydrate; 0 Cholesterin; 406,53 mg Natrium; 5,33 mg Eisen; 246,98 mg Kalzium; 2,40 µg Vitamin B_{12}; 12,80 mg Zink.

WÜRZIGE TEMPEH-BURGER

Diese Tempeh-Burger sind für jene Tage, an denen einem der Sinn nach etwas mehr als den guten, alten vegetarischen Burgern aus Fertigmischungen steht. Das Rezept erfordert etwas mehr Aufwand als ein Burger aus der Packung, aber es lohnt sich!
Damit nicht so viel Geschirr anfällt, kann man Topf und Pfanne zwischendurch säubern und für den nächsten Schritt wiederverwenden. Da die Zubereitung relativ rasch erfolgt, sollten alle Zutaten vorher bereitstehen.
Hoisin-Sauce und süße Bohnensauce findest du in manchen Supermärkten bei den Gewürzsaucen oder in asiatischen Läden. Hoisin-Sauce ähnelt der süßen Bohnensauce (es sind leicht würzige Saucen aus fermentierten Sojabohnen oder Weizenprodukten), man kann nehmen, was erhältlich ist.

5 Portionen

1 Packung (225 g) Soja-Tempeh, in 2,5 cm große Würfel geschnitten
1/2 Tasse Gemüsebrühe
2 EL Rapsöl
1/4 TL dunkles Sesamöl
1 Dose (425 g) Bataten in wenig gesüßtem Sirup
2 TL Knoblauch, gehackt
1 große rote Paprikaschote, entkernt und grob gehackt
1 Jalapeño-Pfefferschote, entkernt und grob gehackt
2 El Hoisin-Sauce oder süße Bohnensauce
1/3 Tasse Walnüsse, gerieben
1 1/2 Tassen Vollkornbrösel
5 Hamburger-Brötchen aus Weizenvollkornmehl
Belag und Saucen (Blattsalat, Tomaten, Mayonnaise, Senf, Ketchup, Käse, gebratene Zwiebel, eingelegtes Gemüse etc.)

1 In einem mittelgroßen Topf Tempeh und Gemüsebrühe zum Kochen bringen. Köcheln lassen, bis der Tempeh aufquillt, etwa 3 bis 5 Minuten. Wasser abgießen, Tempeh abkühlen lassen und mit der Gabel zerdrücken.

2 In einer großen Pfanne 1 EL Rapsöl erhitzen. Darin den Tempeh auf mittlerer Stufe anbraten, bis er leicht gebräunt ist, 4 bis 5 Minuten. Sesamöl einrühren und vom Herd nehmen.

3 Die Bataten mit Sirup in einen mittelgroßen Topf geben. Zum Kochen bringen und vom Herd nehmen. Den Sirup abgießen, die Bataten zerdrücken.

4 In einer großen Pfanne 1 EL Rapsöl auf mittlerer Stufe erhitzen. Knoblauch, Paprikaschote und Jalapeño-Pfefferschote darin weich dünsten, etwa 6 bis 8 Minuten. Bataten und Hoisin-Sauce oder süße Bohnensauce einrühren. Dünsten, bis die Bataten gut erwärmt sind, etwa 2 bis 3 Minuten.

5 Die Tempeh-Bataten-Mischung in der Küchenmaschine pürieren. In einer mittelgroßen Schüssel dieses Püree mit den Walnüssen und Bröseln mischen, mit den Händen durcharbeiten.

6 Aus der Masse Burger mit 7,5 cm bis 10 cm Durchmesser und 1 cm Stärke formen. Diese in der Pfanne hellbraun braten oder für 8 bis 11 Minuten unter den Grill legen, mit 8 bis 13 cm Abstand zur Grillschlange. Jeden Burger auf ein Brötchen legen und mit Belag und Sauce nach Wahl ergänzen. Sofort servieren.

Für alle Arten von Vegetariern (Burger ohne Mayonnaise oder Käsebelag).
Pro Portion: 481,34 kcal; 19,87 g Eiweiß; 16,40 g Fett; 66,32 g Kohlenhydrate; 0,19 mg Cholesterin; 873,13 mg Natrium; 5,15 mg Eisen; 197,19 mg Kalzium; 0,02 µg Vitamin B_{12}; 1,48 mg Zink.

GEMÜSEPASTETE

Bei diesen frischen, köstlichen Gemüsen kommt keiner auf die Idee, das Fleisch in der Pastete zu vermissen. Fertige Teigböden machen das Rezept extra schnell.

4 Portionen

- 2 EL Olivenöl, plus ein wenig Öl für die Form
- 1 große Zwiebel, gehackt
- 1 Möhre, würfelig geschnitten
- 2 Stangen Sellerie, würfelig geschnitten
- 1/2 Aubergine, würfelig geschnitten
- 4–5 Champignons, in Scheiben geschnitten
- 3 EL Mehl
- 1/2 Tasse Tiefkühlerbsen
- 1/2 Tasse tiefgekühlte Maiskörner

1 Tasse Gemüsebrühe
1/2 TL getrockneter Oregano
1/2 TL getrockneter Rosmarin
1/4 TL getrockneter Thymian
1/4 TL Salz
1/4 TL frisch gemahlener Pfeffer
Fertiger Mürbteig, doppelte Menge (Rezept Seite 153), zimmerwarm

1. Backofen auf 200° C vorheizen. Eine Backform mit 23 cm Durchmesser leicht einfetten.

2. In einer großen Pfanne das Olivenöl auf mittlerer Stufe erhitzen. Zwiebeln, Möhren, Sellerie, Aubergine und Champignons darin weich dünsten, etwa 8 bis 10 Minuten.

3. Nach und nach das Mehl einrühren. Erbsen, Mais, Gemüsebrühe, Oregano, Rosmarin, Thymian, Salz und Pfeffer dazugeben. Auf mittlerer Hitze unter ständigem Rühren 3 Minuten eindicken lassen. Beiseite stellen.

4. Den Mürbteig zu zwei Teigplatten in Größe der Form ausrollen. Eine Teigplatte in die vorbereitete Backform legen, die Teigränder leicht andrücken. Die Gemüsemischung hineingeben und mit der zweiten Teigplatte abdecken. Mehrmals mit einer Gabel einstechen, damit der Dampf entweichen kann, die Ränder zurechtschneiden. Backen, bis die Pastete leicht gebräunt ist, etwa 25 Minuten. Vor dem Servieren etwas abkühlen lassen.

Die Pasteten-Füllung ist vegan. Durch Auswahl eines geeigneten Teiges wird das ganze Rezept vegan.

Pro Portion: 637,14 kcal; 10,50 g Eiweiß; 38,42 g Fett; 64,65 g Kohlenhydrate; 0 Cholesterin; 1464,24 mg Natrium; 3,96 mg Eisen; 46,87 mg Kalzium; 0,03 µg Vitamin B_{12}; 0,86 mg Zink.

Mürbteig »Einfache Menge«

200 g Weizenvollkornmehl
100 g Butter
1 TL Salz
5–6 EL Wasser

Das Mehl in eine Schüssel sieben. Die Butter in Flöckchen darauf verteilen und das Mehl mit der Butter zwischen den Fingern leicht verreiben. Das Salz im Wasser auflösen, über das Mehl-Butter-Gemisch gießen und alles zu einem glatten Teig kneten.

Überbackene Auberginen

Ich muss zugeben, dass ich dieses Gericht auf den ersten Blick nicht unbedingt »appetitlich« fand. Wer isst schon violettes Gemüse? Also wirklich! Ich dachte, meine Mutter hätte sich einen Scherz erlaubt. Aber offensichtlich sind Mütter doch wesentlich schlauer, als wir glauben! Nachdem Mama mich überzeugt hatte, dass ich von einem Bissen nicht sterben würde, probierte ich – und war hingerissen.
Bei diesem köstlichen Rezept entfallen jene Schritte, die überbackene Auberginengerichte so fett machen. Dazu reicht man Brot und einen Salat nach Wahl.

4 Portionen

2 kleine Auberginen (insgesamt etwa 900 g)
Wenig Pflanzenöl für das Backblech
Saft einer Zitrone
Salz und frisch gemahlener Pfeffer nach Geschmack
2 Tassen vegetarische Tomatensauce
170 g fettarmer Mozzarella, grob gerieben
1/4 Tasse frische glatte Petersilie, gehackt
1/2 Tasse frisch geriebener Parmesan

1 Backofen auf 200° C vorheizen. Ein Backblech mit wenig Pflanzenöl einfetten.

2 Die Auberginen schälen und quer in 6 mm dicke Scheiben schneiden. Die Scheiben nebeneinander auf das Backblech legen, mit Zitronensaft beträufeln und mit Salz und Pfeffer würzen.

3 Die Scheiben 10 Minuten backen, dann wenden und weitere 10 Minuten backen, bis sie goldbraun sind. Backofen nicht abschalten!

4 2 EL Tomatensauce in einer Auflaufform mit 20 cm Durchmesser verteilen. Die Hälfte der Auberginen-Scheiben leicht überlappend darauf legen und mit der Hälfte der Tomatensauce, des Mozzarella, der Petersilie und des Parmesans bedecken.

5 Den Vorgang mit den restlichen Zutaten wiederholen und den Auflauf 30 Minuten – oder bis sich Blasen bilden – überbacken.

Für Semi-Vegetarier, Ovo-Lacto-Vegetarier und Lacto-Vegetarier.
Pro Portion: 325,01 kcal; 20,50 g Eiweiß; 15,27 g Fett; 32,01 g Kohlenhydrate; 34,42 mg Cholesterin; 1229,76 mg Natrium; 2,20 mg Eisen; 494,70 mg Kalzium; 0,52 µg Vitamin B_{12}; 2,34 mg Zink.

SPAGHETTIAUFLAUF

Wer Gemüseverächter unter seinen Geschwistern oder Freunden hat, findet hier ein einfaches Rezept, das sicher jedem schmeckt. Du solltest allerdings beim Backen gelegentlich ein Auge auf das Gericht werfen. Am besten ist es, die Hausaufgaben in der Küche zu erledigen, während der Auflauf im Backofen steht. Dazu reicht man Salat oder rohes Gemüse, und das Abendessen ist fertig.

4 Portionen

- 4 l Wasser, leicht gesalzen
- 225 g Spaghetti
- 2 EL Olivenöl, plus etwas Öl für die Form
- 2 große Eier, gut verquirlt
- 1 Tasse plus 3 EL frisch geriebener Parmesan
- 120 g Ricotta-Käse
- 1 Tasse vegetarische Tomatensauce
- 3/4 Tasse Mozzarella, gerieben

1. Backofen auf 180° C vorheizen. Eine Auflaufform mit 25 cm Durchmesser leicht einfetten.

2. In einem 8-Liter-Topf das Wasser mit dem Salz zum Kochen bringen. Die Spaghetti in den Topf geben und 8 bis 10 Minuten kochen, bis sie *al dente* sind, dabei gelegentlich umrühren. Spaghetti abseihen und mit kaltem Wasser abschrecken.

3. In einer großen Schüssel die heißen Spaghetti mit dem Olivenöl mischen. In einer kleinen Schüssel die Eier und 1/2 Tasse Parmesan verrühren und unter die Spaghetti ziehen.

4. Die Nudeln in die vorbereitete Auflaufform geben und gleichmäßig verteilen. Den Ricotta-Käse darüber verteilen, dabei den Rand frei lassen (wie bei einer Pizza). Über den Ricotta kommt die Tomatensauce.

5 Den Auflauf 25 Minuten backen. Mit dem Mozzarella belegen und nochmals 5 Minuten in den Backofen stellen, bis der Käse schmilzt. Den Auflauf aus dem Backofen nehmen und mit dem restlichen Parmesan bestreuen. 10 Minuten abkühlen lassen, dann in 6 Stücke schneiden.

Für Semi-Vegetarier und Ovo-Lacto-Vegetarier.
Pro Portion: 434,47 kcal; 23,20 g Eiweiß; 22,48 g Fett; 34,99 g Kohlenhydrate; 118,23 mg Cholesterin; 741,22 mg Natrium; 1,45 mg Eisen; 452,51 mg Kalzium; 0,67 µg Vitamin B_{12}; 2,18 mg Zink.

SARAHS ZUCCHINI-BOOTE

Diese Zucchini-Boote erinnern mich ein wenig an den gefüllten Truthahn – nicht unbedingt ein vegetarisches Gericht –, den es bei uns zu Weihnachten und zum Erntedankfest gibt. Das Rezept eignet sich als alternative Truthahn-Füllung an den Festtagen oder, ergänzt durch Gemüsesuppe »Seelentröster« (Seite 120f.), als vollwertige Mahlzeit das ganze Jahr über.

4 Portionen

1 1/4 Tassen Wasser
1/3 Tasse Vollkornreis
2 Zucchini
2 EL Olivenöl
30 g frische Champignons, gehackt
1 kleine Zwiebel, gehackt
2 EL Sonnenblumenkerne, geschält
1/2 TL Knoblauch, gehackt
1/4 TL getrockneter Rosmarin
1/4 TL getrocknetes Basilikum

- 1/4 TL getrockneter Thymian
- 2 Eier
- 180 g Hüttenkäse
- 2 EL Weizenkeime
- 2 EL Sojasauce
- 1 TL Worcestersauce
- 3/4 TL Tabascosauce
- 1/2 Tasse würziger Cheddar-Käse, gerieben
- Paprika nach Geschmack

1 In einem kleinen Topf das Wasser zum Kochen bringen. Langsam den Vollkornreis einrühren, abdecken und schwach kochen lassen, bis das Wasser aufgesogen ist, dabei gelegentlich umrühren; dauert etwa 30 Minuten.

2 Die Zucchini der Länge nach halbieren, die Enden abschneiden. Mit einem Löffel das Innere der Zucchini herausschaben, so dass die Zucchini-Hälften wie Boote aussehen. Das Innere aufbewahren.

3 Backofen auf 180° C vorheizen. In einer schweren, mittelgroßen Pfanne das Olivenöl erhitzen, das Innere der Zucchini, die Champignons, Zwiebel, Sonnenblumenkerne, Knoblauch, Rosmarin, Basilikum und Thymian darin leicht bräunen lassen, etwa 10 Minuten.

4 In einer mittelgroßen Schüssel die Eier verschlagen. Hüttenkäse, Weizenkeime, Soja-, Worcester- und Tabascosauce, den geriebenen Käse, den gekochten Reis und das gedünstete Gemüse dazugeben.

5 Eine gläserne Auflaufform mit 23 cm Durchmesser mit Alufolie auslegen. Die Zucchinihälften nebeneinander in die Form legen und mit reichlich Käsemischung füllen, abschließend mit wenig Paprika bestreuen. 30 bis 35 Minuten backen, bis die Zucchini weich sind.

Für Semi-Vegetarier und Ovo-Lacto-Vegetarier.

Pro Portion: 322,34 kcal; 16,81 g Eiweiß; 18,66 g Fett; 24,03 g Kohlenhydrate; 130,63 mg Cholesterin; 840,15 mg Natrium; 1,91 mg Eisen; 185,16 mg Kalzium; 0,25 µg Vitamin B_{12}; 1,59 mg Zink.

PFANNENGERICHTE UND EINTÖPFE

Tempeh-Pfanne

Pad Thai

Lässiger Linsentopf

Würziger Gemüse-Dal

Tempeh-Pfanne

Eine Tempeh-Pfanne ist ein rasch zubereitetes Single-Gericht, das immer köstlich und frisch schmeckt. Wenn Freunde oder die ganze Familie mitessen, nimmst du einfach die doppelte oder dreifache Menge.

Tempeh ist ein Fleischersatz aus Sojabohnen, den man im Naturkostladen und in manchen asiatischen Geschäften erhält. Tiefgekühlter Tempeh muss vor der Verwendung aufgetaut werden.

1 Portion

1 EL Olivenöl
85 g (etwa 1/3 Tasse) Tempeh, in kleine Stücke geschnitten
250 g Gemüse (z. B. Zucchini, Brokkoli, Zuckererbsen, Möhren, Paprikaschoten, Zwiebeln, Champignons und Sellerie)
1/2 TL Knoblauch, zerdrückt
3 EL Sojasauce
Salz und frisch gemahlener Pfeffer nach Geschmack
1 Tasse heißer, gekochter Reis (weiß oder Vollkorn)

1 In einer großen schweren Pfanne das Olivenöl auf der zweitniedrigsten Stufe erhitzen. Den Tempeh darin 2 Minuten andünsten.

2 Grob geschnittenes Gemüse und Knoblauch in die Pfanne geben. Dünsten, bis das Gemüse ganz durch, aber noch knackig und der Tempeh leicht gebräunt ist, etwa 5 Minuten. Sojasauce einrühren und 1 weitere Minute dünsten. Mit Salz und Pfeffer würzen.

3 Den Reis auf einem Teller anrichten. Gemüse-Tempeh-Mischung über den Reis geben und sofort servieren.

Für alle Arten von Vegetariern.

Pro Portion: 590,96 kcal; 25,88 g Eiweiß; 20,74 g Fett; 78,92 g Kohlenhydrate; 0 Cholesterin; 3097,42 mg Natrium; 6,69 mg Eisen; 124,25 mg Kalzium; 0,85 µg Vitamin B_{12}; 2,92 mg Zink.

PAD THAI

Während eines Aufenthalts in Los Angeles beschlossen meine Freunde und ich eines Abends, ein Essen aus dem thailändischen Restaurant kommen zu lassen. Ich war zunächst ziemlich ratlos, wusste nicht, was ich bestellen sollte. Meine Freunde empfahlen mir vegetarisches Pad Thai. Vom ersten Bissen an war Pad Thai eines meiner liebsten exotischen Gerichte!
Für alle, die so wenig von der thailändischen Küche wissen wie ich damals: Pad Thai ist ein würziges Gericht aus Nudeln und gebratenem Gemüse. Ich serviere dazu gerne Eistee und ein wenig Erdnuss-Sauce. Vorgegarte Nudeln findet man im Laden meist bei den Gemüsemischungen.

2–3 Portionen

1/4 Tasse Olivenöl
2 TL Knoblauch, fein gehackt
1 Tasse Brokkoli-Röschen
3/4 Tasse Zwiebel, in Scheiben geschnitten
2/3 Tasse Zuckererbsen
1/2 Tasse Sellerie, würfelig geschnitten
1/4 Tasse Möhren, in dünne Scheiben geschnitten
1/4 Tasse rote Paprikaschote, würfelig geschnitten
1/4 Tasse Champignons, würfelig geschnitten
3 EL ungesalzene Erdnüsse, gemahlen
3 EL Sojasauce
2 EL milde oder scharfe thailändische Schwarze Bohnen-Sauce
1 EL Reisessig
400 g vorgegarte Nudeln
1/2 Tasse Wasser
Frische Bohnensprossen zum Garnieren

1 In einer großen Pfanne das Olivenöl auf hoher Stufe erhitzen. Knoblauch hineingeben und leicht bräunen lassen, etwa 1 Minute.

2 Gemüse dazugeben und 1 Minute unter Rühren braten. Erdnüsse, Sojasauce, Schwarze Bohnen-Sauce, Reisessig, Nudeln und Wasser dazugeben.

3 2 bis 3 Minuten dünsten, dabei ständig rühren, bis alle Zutaten vermischt und gut erwärmt sind. Mit den Bohnensprossen garnieren und sofort servieren.

Für alle Arten von Vegetariern.
Pro Portion: 738,10 kcal; 5,63 g Eiweiß; 23,40 g Fett; 126,97 g Kohlenhydrate; 0 Cholesterin; 1182,43 mg Natrium; 4,46 mg Eisen; 82,53 mg Kalzium; 0 Vitamin B_{12}; 1,27 mg Zink.

LÄSSIGER LINSENTOPF

Lässiger Linsentopf eignet sich bestens für Leute, die nicht gerne lange in der Küche stehen und kochen! Ich setze den Topf auf, wenn ich von der Schule nach Hause komme, gehe joggen und bin gerade rechtzeitig wieder zurück, um das Gericht fertig zu kochen.
Grüne Linsen eignen sich am besten, sie sind in den meisten Naturkostläden erhältlich; wenn man keine auftreiben kann, tun es auch die üblichen braunen Linsen. Sie müssen verlesen und gründlich gewaschen werden.

4–6 Portionen

- 3 EL Olivenöl
- 2 Zwiebeln, gehackt
- 2 EL Knoblauch, zerdrückt
- 2 1/2 Tassen Linsen, gewaschen
- ca. 1 1/2 l Gemüsebrühe

2 Tassen Wasser
2 TL Kreuzkümmel
Salz und frisch gemahlener Pfeffer nach Geschmack
1 Packung (450 g) tiefgekühlter Grünkohl oder Indischer Senf, gehackt
Sauerrahm zum Garnieren
Salsa zum Garnieren

1 In einem großen schweren Topf das Olivenöl auf mittlerer Stufe erhitzen. Zwiebeln und Knoblauch darin weich dünsten, etwa 10 Minuten. Linsen und Gemüsebrühe dazugeben. Zum Kochen bringen. Hitze reduzieren und 45 bis 60 Minuten köcheln lassen, bis die Linsen sehr weich sind. Falls notwendig, etwas Wasser hinzufügen.

2 Mit Kreuzkümmel, Salz und Pfeffer würzen. Das Gemüse dazugeben und weitere 10 bis 15 Minuten köcheln lassen.

3 Mit Sauerrahm und Salsa garnieren und sofort servieren.

Für Semi-Vegetarier, Ovo-Lacto-Vegetarier und Lacto-Vegetarier.
Pro Portion: 401,03 kcal; 26,70 g Eiweiß; 8,15 g Fett; 59,51 g Kohlenhydrate; 0 Cholesterin; 4846,72 mg Natrium; 9,30 mg Eisen; 221,32 mg Kalzium; 16 µg Vitamin B_{12}; 3,24 mg Zink.

WÜRZIGER GEMÜSE-DAL

Gemüse-Dal ist ein Rezept aus der indischen Küche. In Indien leben viele Menschen streng vegetarisch, Linsen (»Dal«) werden in indischen Gerichten oft anstelle von Fleisch verwendet. Dieses Rezept lässt sich bis zu 3 Tage vorher zubereiten und im Kühlschrank aufbewahren. Je länger es steht, desto besser schmeckt es! Man serviert es heiß oder zimmerwarm.

4 Portionen

1 Tasse Linsen (roh)
2 EL Butter
1 EL Pflanzenöl
2 TL frischer Ingwer, geschält und fein gerieben
1 EL Knoblauch, zerdrückt
1 große Zwiebel, würfelig geschnitten
1 1/2 TL gemahlener Kreuzkümmel
1/8 TL gemahlene Gewürznelken
1 Prise gemahlene Gelbwurz
ca. 800 ml Gemüsebrühe
3 reife Tomaten, entkernt und würfelig geschnitten
1/2 Tasse frische glatte Petersilie, grob gehackt
Salz und frisch gemahlener Pfeffer nach Geschmack
4 Tassen heißer gekochter weißer Reis

1 Die Linsen verlesen, sorgfältig alle Steine entfernen, und in einem Sieb gründlich waschen.

2 In einem großen schweren Suppentopf auf der zweitniedrigsten Stufe Butter und Öl erhitzen. Ingwer, Knoblauch und Zwiebel darin glasig dünsten, etwa 10 Minuten. Kreuzkümmel, Gewürznelken und Gelbwurz dazugeben und weitere 2 Minuten unter häufigem Rühren dünsten.

3 Linsen und Brühe einrühren und auf höchster Stufe zum Kochen bringen. Hitze reduzieren und ohne Deckel etwa 20 Minuten köcheln lassen, gelegentlich umrühren.

4 Tomaten und Petersilie dazugeben und weitere 15 bis 20 Minuten unter häufigem Rühren köcheln lassen, bis die Linsen sehr weich, aber nicht breiig sind. Gut mit Salz und Pfeffer würzen.

5 Eine Tasse Reis auf jeden Teller geben, darüber den Dal anrichten und sofort servieren.

Für Semi-Vegetarier, Ovo-Lacto-Vegetarier und Lacto-Vegetarier.
Pro Portion: 498,04 kcal; 20,14 g Eiweiß; 10,60 g Fett; 81,77 g Kohlenhydrate; 15,54 mg Cholesterin; 3067,33 mg Natrium; 8,09 mg Eisen; 78,17 mg Kalzium; 0,11 µg Vitamin B_{12}; 2,75 mg Zink.

GETREIDE, BOHNEN UND REIS

Rote Bohnen mit Reis

Chinesischer gebratener Reis

Quinoa-Salat

Einfacher Tabbuleh

Suppe mit Kokosnuss und schwarzen Bohnen

Rote Bohnen mit Reis

Bohnen mit Reis sind ein umkompliziertes Eintopfgericht, die Zutaten dafür hat man meist vorrätig. Tomaten und Knoblauch liefern Farbe und Aroma für dieses eiweißreiche Gericht und erfüllen die Küche mit einem köstlichen Duft.

4 Portionen

2 Dosen (je 425 g) kleine rote Kidney-Bohnen, abgespült und abgetropft
ca. 400 ml Gemüsebrühe
1 Tasse Dosentomaten, abgetropft und zerdrückt
3/4 Tasse Wasser
1 EL Worcestersauce
2 Lorbeerblätter
1/2 TL Salz
1/4 TL Tabasco-Salz
1 kleine Zwiebel, fein gehackt
2 Knoblauchzehen, zerdrückt
4 Tassen heißer gekochter Reis, weiß oder Vollkorn

1 In einem großen schweren Topf alle Zutaten bis auf den Reis mischen. Abdecken und köcheln lassen, bis die Brühe etwas dicker ist und die Bohnen weich sind, etwa 45 Minuten.

2 Den Eintopf vor dem Servieren mindestens 10 Minuten ziehen lassen, damit sich die Aromen gut verbinden. Auf jeden Teller eine Tasse gekochten Reis geben, darüber die Bohnen anrichten.

Für alle Arten von Vegetariern.

Pro Portion: 537,81 kcal; 23,03 g Eiweiß; 1,46 g Fett; 107,20 g Kohlenhydrate; 0 Cholesterin; 3174,27 mg Natrium; 4,78 mg Eisen; 40,10 mg Kalzium; 0,10 µg Vitamin B_{12}; 2,45 mg Zink.

CHINESISCHER GEBRATENER REIS

Wenn am Vortag etwas Reis übrig geblieben ist, stellt man ihn über Nacht ohne Deckel in den Kühlschrank. Am nächsten Tag eignet er sich bestens für dieses Rezept. Gebratener Reis kann ein eigenständiges Gericht oder auch eine Beilage zu Röstgemüse sein.
Verwende unbedingt Erdnuss-, Maiskeim- oder Wok-Öl, andere Öle halten den hohen Temperaturen beim Braten nicht stand. Am besten eignet sich Lang- oder Mittelkornreis, für Rundkornreis muss man eine antihaftbeschichtete Pfanne verwenden, damit er nicht klebt.

3–4 Portionen

1½–2 EL Maiskeim-, Erdnuss- oder Wok-Öl
1 kleine Zwiebel, würfelig geschnitten
1 Möhre, würfelig geschnitten
2 Eier
3½ Tassen kalter gekochter weißer Reis, eher trocken, gelockert
¼ Tasse Cashewnüsse
1 Tasse Tiefkühlerbsen
1 TL Salz
30 g Frühlingszwiebeln, weiße Teile und 5 cm grüne Teile, in dünne Ringe geschnitten
3–4 EL Sojasauce

1 Einen Wok oder eine große schwere Pfanne auf höchster Stufe soweit erhitzen, bis ein Wassertropfen darin sofort verdampft. 1½ TL Öl darin gleichmäßig verteilen. Die Hitze auf die zweithöchste Stufe reduzieren, Zwiebeln hineingeben und unter Rühren etwa 1½ Minuten im Öl braten.

2 Die Möhren dazugeben und 1 Minute unter ständigem Rühren braten. Die Hitze nach Bedarf reduzieren, so dass das Gemüse nicht anbrennt (es muss aber zischen), und noch 2 TL Öl hinzufügen. Die Eier über die Möhren und Zwiebel schlagen und unter Rühren 1 bis 2 Minuten braten, bis sie ganz durch sind.

3 Etwas mehr Öl in die Pfanne träufeln, damit nichts anbrennt, und den Reis zugeben. Gut durchrühren und 2 bis 3 Minuten erhitzen. Bei extrem trockenem Reis rührt man etwas Wasser unter. Sobald der Reis sich heiß anfühlt, gibt man die Cashewnüsse und Erbsen zu und erwärmt sie gründlich etwa 2 Minuten.

4 Die Pfanne vom Herd nehmen und Salz, Frühlingszwiebeln und Sojasauce einrühren. Sofort servieren.

Für Semi-Vegetarier und Ovo-Lacto-Vegetarier.
Pro Portion: 413,11 kcal; 11,71 g Eiweiß; 13,33 g Fett; 60,97 g Kohlenhydrate; 107,36 mg Cholesterin; 1550,62 mg Natrium; 4,19 mg Eisen; 51,71 mg Kalzium; 0,23 µg Vitamin B_{12}; 1,86 mg Zink.

QUINOA-SALAT

Quinoa-Salat hat einen frischen, säuerlichen Geschmack, der zu fast jeder Mahlzeit passt, das Dressing ist fettfrei. Quinoa, eine südamerikanische Getreidesorte, ist ein ausgezeichneter Eiweißlieferant und reich an Kalzium, Phosphor und Eisen. Der Salat kann bereits am Vortag zubereitet und gekühlt oder zimmerwarm serviert werden. Er passt zum Abendessen für die ganze Familie, du kannst dir aber davon auch schon ein wenig für zwischendurch abzweigen.

4–5 Portionen

1½ Tassen Wasser
½ Tasse Quinoa
1 Tasse gekochter Vollkornreis
1 mittelgroße Tomate, gehackt
60 g Gurken, geschält, entkernt und in Scheiben geschnitten
2 EL Pinienkerne
2 EL frische Korianderblätter, gehackt
2 Selleriestangen, fein gehackt
¼ Tasse rote Zwiebeln, fein gehackt
½ Tasse Zucker
⅔ Tasse Essig
1 TL Salz
1 EL thailändische Chili-Sauce

1 In einem großen schweren Topf das Wasser zum Kochen bringen. Quinoa einrühren, Hitze reduzieren, abdecken und schwach kochen lassen, bis das Wasser aufgesogen ist, etwa 20 Minuten. Abkühlen lassen.

2 In einer großen Schüssel den Vollkornreis mit Tomaten, Gurken, Pinienkernen, Korianderblättern, Sellerie und roter Zwiebel mischen. Nun die Quinoa dazugeben und beiseite stellen.

3 Für das Dressing in einem kleinen schweren Topf Zucker, Essig, Salz und Chili-Sauce erhitzen, bis der Zucker sich auflöst, etwa 5 Minuten. Das Dressing unter den Salat mischen. Im Kühlschrank durchziehen lassen und kalt oder zimmerwarm servieren.

Für alle Arten von Vegetariern.
Pro Portion: 220,84 kcal; 4,49 g Eiweiß; 3,19 g Fett; 45,81 g Kohlenhydrate; 0 Cholesterin; 491,69 mg Natrium; 2,37 mg Eisen; 27,62 mg Kalzium; 0 Vitamin B_{12}; 1,03 mg Zink.

EINFACHER TABBULEH

Tabbuleh ist ein köstlicher Körnersalat aus dem Nahen Osten. Bulgur, eine Grütze aus Weizenkörnern und reich an Kalium und Kohlenhydraten, bildet die herzhafte Grundlage. Minze und Petersilie lassen das Gemüse noch frischer schmecken.
Tabbuleh ist am besten, wenn man ihn mindestens eine halbe Stunde (oder sogar über Nacht) durchziehen lässt, damit sich die Aromen verbinden. Wer nicht so lange warten mag, kann ihn auch sofort verzehren.

2 Portionen

3/4 Tasse Wasser
1/2 Tasse Bulgur
1 Tomate, fein gehackt
2 Frühlingszwiebeln (weiße und grüne Teile), gehackt
1/2 TL Knoblauch, zerdrückt
1/4 Tasse frische glatte Petersilie, fein gehackt
1/4 TL getrocknete Minze
2 EL frisch gepresster Zitronensaft
1/2 TL Olivenöl
1 Dose (170 g) eingelegte Artischockenherzen, abgetropft
1 EL schwarze Oliven, in Scheiben geschnitten
1 EL Pinienkerne

1 In einem mittelgroßen Topf das Wasser zum Kochen bringen. Den Bulgur hineingeben, abdecken, vom Herd nehmen und 15 bis 20 Minuten quellen lassen, bis das Wasser aufgesogen und der Bulgur locker und flaumig ist.

2 Den gequollenen Bulgur gibt man in eine mittelgroße Schüssel und mischt ihn mit den übrigen Zutaten. Sofort servieren oder vor dem Servieren im Kühlschrank durchziehen lassen.

Für alle Arten von Vegetariern.

Pro Portion: 265,49 kcal; 9,61 g Eiweiß; 9,12 g Fett; 43,66 g Kohlenhydrate; 0 Cholesterin; 376,27 mg Natrium; 2,63 mg Eisen; 36,49 mg Kalzium; 0 Vitamin B_{12}; 1,04 mg Zink.

SUPPE MIT KOKOSNUSS UND SCHWARZEN BOHNEN

Ein Löffel von dieser warmen, cremigen, exotischen Suppe ist so herrlich, wie im Frühling auf der Terrasse eines polynesischen Restaurants in der Karibik zu sitzen! In dieser farbenfrohen Suppe verbinden sich viele Aromen, von leicht süß bis sehr würzig. Am besten schmeckt sie, wenn man sie über Nacht durchziehen lässt. Wer es nicht so lange aushält, kann sie noch am selben Tag essen. Dazu reicht man bunt belegte Tostadas (Seite 141 f.).

4–5 Portionen

2 1/2 Tassen Wasser
1 Dose (400 g) Kokosmilch light
1 Dose (410 g) Tomatenwürfel mit Saft
1 Jalapeño-Pfefferschote, entkernt und fein gehackt
2 Dosen (je 410 g) schwarze Bohnen, abgespült und abgetropft
1 Tasse gekochte Maiskörner
1 Tasse gekochter weißer Reis
1/2 TL Salz

1 In einem großen schweren Topf das Wasser mit der Kokosmilch, den Tomaten und der Jalapeño-Pfefferschote auf hoher Stufe zum Kochen bringen, häufig umrühren.

2 Schwarze Bohnen, Mais, Reis und Salz hineingeben. Abdecken und 15 Minuten schwach kochen lassen. Vom Herd nehmen und 5 bis 10 Minuten ziehen lassen. Gut durchrühren und servieren.

Für alle Arten von Vegetariern.

Pro Portion: 339,17 kcal; 10,57 g Eiweiß; 17,14 g Fett; 44,82 g Kohlenhydrate; 0 Cholesterin; 1138,93 mg Natrium; 6,36 mg Eisen; 82,39 mg Kalzium; 0 Vitamin B_{12}; 0,74 mg Zink.

SNACKS UND DESSERTS

Snacks sind wichtig, damit es zu keinem Energieabfall zwischen den Mahlzeiten kommt. Ausreichend Vitamin C nimmst du zu dir, wenn du zwischen den Schulstunden eine Orange isst oder im Geschichtsunterricht leise einen Schluck Orangensaft trinkst. Zu Hause ist die Auswahl weit größer. Zusätzliches Protein etwa liefern die Tofu McNuggets (Seite 182), die man gut während der Hausaufgaben naschen kann. Über frisches Obst mit Käse-Dattel-Dip (Seite 184) freuen sich auch die Freunde, die zum Fernsehen auf Besuch kommen. Und wer sich den ganzen Tag über vernünftig ernährt, darf sich ruhig ein Dessert gönnen, sollte aber auch hier die Vernunft walten lassen (zwei Kugeln gefrorener Joghurt anstelle von zwei Schüsseln Eiscreme!).

CHIPS UND DIPS

Tortilla-Chips mit Guacamole und Salsa

Brötchen-Chips mit Pesto Torta

Tofu McNuggets

Frisches Obst mit Käse-Dattel-Dip

Karamell-Popcorn-Bälle

Tortilla-Chips mit Guacamole und Salsa

Fettarme Mais-Tortillas sind eine gute Grundlage für Zwischenmahlzeiten. Diese Chips kannst du nach der Schule essen oder auch noch kurz vor dem Abendessen, ohne dir den Appetit zu verderben! Die restlichen Chips bewahrt man in einem Frischhaltebeutel auf und holt sich dazu ein wenig Salsa aus dem Kühlschrank, wenn spät abends der Magen knurrt.

3–4 Portionen

Für die Tortilla-Chips:
4–6 Mais-Tortillas (20 cm Durchmesser)
Wasser
Salz nach Geschmack
Für die Guacamole:
2 mittelgroße reife Avocados
1 mittelgroße Tomate, würfelig geschnitten
1/8 TL Knoblauchsalz
Für die Salsa:
1/3 Tasse Zwiebeln, fein gehackt
1/2 TL Knoblauch, zerdrückt
1 EL frische Korianderblätter, gehackt
2 große Tomaten, geviertelt
Jalapeño-Pfefferschote, nach Geschmack
1 EL Apfelessig
Salz und frisch gemahlener Pfeffer nach Geschmack

1 Den Backofen für die Chips auf 180° C vorheizen. Die Tortillas in jeweils acht keilförmige Stücke schneiden und auf ein Backblech legen. Mit wenig Wasser besprühen und mit Salz bestreuen. Im vorgeheizten Ofen backen, bis sie knusprig und leicht gebräunt sind, etwa 20 Minuten.

2 Für die Guacamole die Avocados schälen und entkernen. In einer mittelgroßen Schüssel die Avocados zerdrücken, bis sie cremig sind. Die Tomatenwürfel unterrühren. Mit Knoblauchsalz würzen und gut durchrühren. Beiseite stellen.

3 Für die Salsa Zwiebel, Knoblauch und Korianderblätter in der Küchenmaschine einige Sekunden fein zerkleinern. Tomaten, eventuell Jalapeño-Pfefferschote und Essig zugeben und mehrmals kurz durchlaufen lassen, bis sie grob zerkleinert sind. Mit Salz und Pfeffer würzen. Sofort mit Tortilla-Chips und Guacamole servieren.

Für alle Arten von Vegetariern.
Pro Portion: 237,33 kcal; 4,37 g Eiweiß; 16,02 g Fett; 24,05 g Kohlenhydrate; 0 Cholesterin; 120,27 mg Natrium; 1,97 mg Eisen; 61,98 mg Kalzium; 0 Vitamin B_{12}; 0,72 mg Zink.

BRÖTCHEN-CHIPS MIT PESTO TORTA

Brötchen-Chips sind gut nach der Schule zu knabbern. Und eine leckere Möglichkeit, altbackene Brötchen aufzubrauchen! Dazu genießt man Pesto Torta (Seite 180).

1–2 Portionen

1–2 Brötchen (am besten schmecken Käse-Brötchen)
Wenig Pflanzenöl
Pesto Torta (Rezept Seite 181)

1 Backofen auf 180° C vorheizen. Die Brötchen in etwa 1 cm dicke Scheiben schneiden.

2 Die Scheiben auf ein Backblech legen und mit wenig Pflanzenöl bepinseln. Wenden und auf der anderen Seite ebenso verfahren. Im Backofen backen, bis die Ränder leicht gebräunt sind und die Mitte getoastet ist, etwa 10 Minuten. Mit Pesto Torta servieren.

Für alle Arten von Vegetariern.
Pro Portion: 151,25 kcal; 5,78 g Eiweiß; 0,88 g Fett; 29,37 g Kohlenhydrate; 0 Cholesterin; 379 mg Natrium; 1,96 mg Eisen; 40,70 mg Kalzium; 0 Vitamin B_{12}; 0,48 mg Zink.

PESTO TORTA

Pesto Torta passt gut zu Brötchenchips mit Knoblauchgeschmack. Sie hält sich im Kühlschrank bis zu einem Monat, man kann sie also immer für zwischendurch ein wenig vorrätig haben.

12 Portionen

- 3/4 Tasse getrocknete Tomaten in Olivenöl, abgetropft und fein gehackt
- 1/2 Tasse frisch geriebener Parmesan
- 1/4 Tasse geriebener Pecorino
- 450 g Frischkäse
- 120 g weiche Butter
- 1/2 Tasse Sauerrahm
- 3/4 Tasse fertiges oder selbst gemachtes Pesto (Rezept Seite 181)

1 Eine 1½-Liter-Form oder -Schüssel leicht einfetten und zur Gänze mit Frischhaltefolie auslegen. Die fein gehackten sonnengetrockneten Tomaten zuunterst hineingeben.

2 In einer mittelgroßen Schüssel alle übrigen Zutaten bis auf das Pesto mischen. Mit dem Handrührgerät auf höchster Stufe etwa 2 Minuten mixen, bis alles gründlich verrührt ist. Die Hälfte der Käsemischung auf die Tomaten in die Form geben. Das halbe Pesto auf dem Käse verteilen. Nun die restliche Käsemischung hineingeben und gleichmäßig verteilen. Darauf kommt das restliche Pesto. Locker mit Frischhaltefolie abdecken.

3 Die Torta 3 Stunden im Kühlschrank durchkühlen oder für später einfrieren. Vor dem Servieren aus der Form stürzen, indem man die Frischhaltefolie oben abnimmt, die Torta auf einen großen flachen Teller stürzt, die Form abnimmt und vorsichtig die untere Frischhaltefolie entfernt.

Für Semi-Vegetarier, Ovo-Lacto-Vegetarier und Lacto-Vegetarier.
Pro Portion: 339,63 kcal; 8,51 g Eiweiß; 32,88 g Fett; 4,37 g Kohlenhydrate; 76,42 mg Cholesterin; 421,45 mg Natrium; 1,32 mg Eisen; 230,54 mg Kalzium; 0,36 µg Vitamin B_{12}; 0,73 mg Zink.

SELBST GEMACHTES PESTO

Pesto braucht man für die Torta, als Dip für Snacks, als Pizzabelag oder Nudelsauce. Du solltest es immer vorrätig haben, denn es ist vielseitig verwendbar.

Ergibt: 1/2 Liter

1 großer Bund frisches Basilikum
1/2 Tasse Pinienkerne
2 TL Knoblauch, zerdrückt
3/4 Tasse frisch geriebener Parmesan
1/2 Tasse Olivenöl
3/4 TL Salz

1 Basilikumblätter, Pinienkerne, Knoblauch und Parmesan in der Küchenmaschine mit dem Metallmesser fein zerkleinern.

2 Bei laufendem Motor langsam das Olivenöl zugießen, so dass ein grober Brei entsteht. Dann das Salz hinzufügen. Wird der Pesto nicht sofort verwendet, lagert man ihn gut verschlossen im Kühlschrank.

Für Semi-Vegetarier, Ovo-Lacto-Vegetarier und Lacto-Vegetarier.
Pro Portion: 142,05 kcal; 4,14 g Eiweiß; 13,79 g Fett; 1,35 g Kohlenhydrate; 4,92 mg Cholesterin; 116,83 mg Natrium; 0,84 mg Eisen; 98,34 mg Kalzium; 0,09 µg Vitamin B_{12}; 0,51 mg Zink.

TOFU MCNUGGETS

Hat da jemand Tofu gesagt? Lust auf Finger Food, aber bloß nicht auf die fettigen Dinger aus dem Fast-Food-Restaurant? Wie wär's mit diesem Rezept? Tofu McNuggets sind in etwa 45 Minuten fertig – und sie werden gebacken, nicht frittiert!
Für die Kruste kann man die Semmelbrösel-Mehl-Mischung vielleicht auch durch Maisgrieß oder durch fein zerkleinertes Salzgebäck ersetzen (am einfachsten ist es, das Salzgebäck in der Küchenmaschine zu zerkleinern). Dazu reicht man eine beliebige Dipsauce zum Beispiel Barbecue-Sauce oder eine süßsaure Sauce.

2–3 Portionen (15–20 Nuggets)

1 Packung (400 g) sehr fester Tofu, abgetropft
1/4 Tasse Sojasauce
1/2 Tasse Semmelbrösel
1/2 Tasse Mehl
1 Prise Salz
1 TL Knoblauchsalz
2 EL Pflanzenöl für das Backblech

1 Den Tofu in etwa 2,5 cm dicke Stücke schneiden. Die Tofustücke in einer Schüssel etwa 5 bis 10 Minuten in der Sojasauce marinieren.

2 Inzwischen den Backofen auf 180° C vorheizen. In einer mittelgroßen Schüssel Semmelbrösel, Mehl, Salz und Knoblauchsalz mischen.

3 Ein Backblech leicht mit Öl bepinseln. Die Nuggets in der Semmelbrösel-Mischung wälzen und mit ein wenig Abstand auf das Backblech legen.

4 15 Minuten backen. Die Nuggets wenden und weitere 15 Minuten – oder bis sie leicht gebräunt sind – backen. 5 bis 10 Minuten abkühlen lassen. Warm servieren.

Für alle Arten von Vegetariern.
Pro Portion: 284,18 kcal; 14,32 g Eiweiß; 12,81 g Fett; 27,98 g Kohlenhydrate; 0 Cholesterin; 2188,81 mg Natrium; 3,62 mg Eisen; 51,22 mg Kalzium; 0 Vitamin B_{12}; 1,04 mg Zink.

Frisches Obst mit Käse-Dattel-Dip

Frisches Obst schmeckt nach der Schule besonders gut, und nichts passt besser dazu als dieser süße, cremige Dip. Wer den Dip nicht mit seinen Freunden teilen will, gibt den Rest in den Kühlschrank, wo er sich einige Tage hält.

6 Portionen

90 g entkernte Datteln
1 EL Mehl (nach Wunsch)
1 Dose (225 g) Ananasstücke, abgetropft, 2 EL Saft aufheben
1 Packung (225 g) Frischkäse
Frisches Obst zum Dippen (Apfelstücke, Birnenstücke, Erdbeeren etc.)

1 Das Metallmesser in die Küchenmaschine einsetzen. Bei laufender Maschine die Datteln durch den Einfüllstutzen hineingeben (sehr klebrige Datteln wälzt man vorher im Mehl, damit sie nicht am Messer kleben). Laufen lassen, bis die Datteln grob zerkleinert sind, etwa 3 Sekunden.

2 Die Datteln aus der Küchenmaschine nehmen und beiseite geben. Die Küchenmaschine mit Küchenkrepp auswischen und wieder zusammensetzen. Ananas, die 2 EL Saft und Frischkäse hineingeben und zu einer glatten Masse verarbeiten.

3 Die Käsemischung in eine Servierschüssel geben, die Datteln einrühren. Mit dem frischen Obst servieren.

Für Semi-Vegetarier, Ovo-Lacto-Vegetarier und Lacto-Vegetarier.
Pro Portion: 202,20 kcal; 3,28 g Eiweiß; 13,30 g Fett; 19,54 g Kohlenhydrate; 41,58 mg Cholesterin; 112,71 mg Natrium; 0,77 mg Eisen; 40,24 mg Kalzium; 0,16 µg Vitamin B_{12}; 0,29 mg Zink.

KARAMELL-POPCORN-BÄLLE

Diese süßen, klebrigen Popcorn-Bälle landen sicher ganz oben auf der Hitliste der Snacks! In der Mikrowelle sind sie im Nu fertig. Formt man die Popcorn-Bälle mit gebutterten Händen, klebt der Karamell nicht an den Fingern.

6 Portionen

3 l Popcorn (ohne Buttergeschmack)
1 Tasse Erdnüsse (nach Wunsch)
2/3 Tasse brauner Zucker
1/2 Tasse Butter
1/2 Tasse heller Maissirup
1 EL Wasser
1 TL Salz
2 TL Natron

1 In einer sehr großen Schüssel (mindestens 7,5 Liter) das Popcorn mit den Erdnüssen (falls gewünscht) mischen. Beiseite stellen.

2 In einem 4-Liter-Gefäß für die Mikrowelle den braunen Zucker mit Butter, Maissirup, Wasser und Salz mischen. In der Mikrowelle auf höchster Stufe 9 bis 12 Minuten erhitzen, dabei alle 5 Minuten umrühren, bis die Masse Blasen wirft und das Küchenthermometer 120° C anzeigt. Rasch das Natron dazugeben und die Mischung schaumig rühren.

3 Die Karamell-Mischung über das Popcorn gießen. Mit 2 großen Löffeln durchrühren. (Nicht mit den Händen mischen; die Masse ist heiß!) Das Popcorn gleichmäßig über ein großes Stück Alufolie verteilen. Wenn man es wieder anfassen kann, mit den Händen lockere Bälle formen. Die Popcorn-Bälle vor dem Servieren vollständig abkühlen lassen.

Für Semi-Vegetarier, Ovo-Lacto-Vegetarier und Lacto-Vegetarier.
Pro Portion: 414,63 kcal; 2,14 g Eiweiß; 21,52 g Fett; 57,32 g Kohlenhydrate; 41,43 mg Cholesterin; 1203,86 mg Natrium; 1,12 mg Eisen; 28,74 mg Kalzium; 0,02 µg Vitamin B_{12}; 0,64 mg Zink.

KEKSE UND KUCHEN

Schokoschnitten »Death by Chocolate«

Heidelbeer-Joghurt-Kuchen

Schokotropfen-Cookies

Einfache Kokosmakronen

Mamas unschlagbare Schokoladen-Geburtstagstorte

Zarte Zitronenschnitten

Schokoschnitten »Death by Chocolate«

Diese Schokoschnitten erfreuen sich in meiner Familie größter Beliebtheit – sie »verschwinden« ganz unglaublich rasch! Sie sind fast genauso schnell fertig wie jene aus fertigen Backmischungen, durch die frischen Zutaten sind sie aber gesünder und schmecken nach mehr. Da es sich um ein einfaches Rezept handelt, kannst du es auch nach dem Abendessen noch zubereiten, damit du während der Hausaufgaben etwas zum Naschen hast.

8–10 Portionen

Für die Schnitten:
240 g Margarine
110 g Kochschokolade
2 Tassen Zucker
4 große Eier
1 Tasse Universalmehl, gesiebt (ohne Sieben werden die Schnitten speckig)
1 TL Backpulver
1 TL Vanilleextrakt
130 g gehackte Walnüsse (nach Wunsch)
Für die Glasur (nach Wunsch):
2 EL Butter
80 ml Schlagsahne
170 g Kochschokolade, grob gehackt
1 EL plus 1 TL Zucker

1 Für die Schokoschnitten den Backofen auf 180° C vorheizen. Eine 33 x 48 cm große Backform umdrehen, außen herum Alufolie legen und der Form anpassen. Die Form wieder umdrehen und die Folie einsetzen. Leicht einfetten. (Man kann die Schnitten auch ohne Folie in einer gefetteten Form backen, aber mit der Folie lassen sie sich leicht herausheben, gut in gleichmäßige Stücke schneiden, und sie kleben außerdem nicht in der Form.)

2 Margarine und Schokolade in ein 2-Liter-Gefäß für die Mikrowelle geben und auf höchster Stufe 2 Minuten erhitzen. Umrühren, bis alles geschmolzen ist.

3 Den Zucker sorgfältig mit einem Holzlöffel einrühren. Die Eier einzeln dazugeben, den Teig danach jeweils gut durchschlagen.

4 Das gesiebte Mehl mit dem Backpulver mischen und zur Schokomischung geben. Vanille und, falls gewünscht, Walnüsse zugeben. Die trockenen Zutaten rasch unter die Eimasse rühren, bis eine homogene Masse entsteht.

5 Den Teig gleichmäßig in der Form verteilen und im vorgeheizten Backofen auf der mittleren Schiene 25 bis 30 Minuten backen, bis bei der Garprobe in der Mitte der Masse kein Teig mehr kleben bleibt. Auf einem Kuchengitter auf Zimmertemperatur abkühlen lassen.

6 Für die Glasur die Butter, Sahne, Schokolade und den Zucker in ein kleines, für die Mikrowelle geeignetes Gefäß geben und auf höchster Stufe 2 Minuten erhitzen. Das Gefäß aus der Mikrowelle nehmen und umrühren, bis eine glatte Masse entsteht.

7 Die Glasur auf Zimmertemperatur abkühlen lassen und die Schokoschnitten damit überziehen. Die Schnitten abdecken und im Kühlschrank mindestens 1 Stunde durchkühlen lassen, bevor man sie schneidet und serviert.

Für Semi-Vegetarier und Ovo-Lacto-Vegetarier.

Schokoschnitten ohne Glasur:

Pro Portion: 453,00 kcal; 5,16 g Eiweiß; 26,55 g Fett; 53,27 g Kohlenhydrate; 85,00 mg Cholesterin; 263,33 mg Natrium; 1,62 mg Eisen; 27,26 mg Kalzium; 0,22 µg Vitamin B_{12}; 0,77 mg Zink.

Schokoschnitten mit Glasur:

Pro Portion: 588,64 kcal; 6,06 g Eiweiß; 36,89 g Fett; 65,89 g Kohlenhydrate; 102,08 mg Cholesterin; 268,51 mg Natrium; 2,16 mg Eisen; 38,51 mg Kalzium; 0,02 µg Vitamin B_{12}; 1,07 mg Zink.

Glasur:

Pro Portion: 135,64 kcal; 0,9 g Eiweiß; 10,34 g Fett; 12,62 g Kohlenhydrate; 17,08 mg Cholesterin; 5,18 mg Natrium; 0,54 mg Eisen; 11,25 mg Kalzium; 0,02 µg Vitamin B_{12}; 0,3 mg Zink.

HEIDELBEER-JOGHURT-KUCHEN

Dieser blau-weiße Kuchen ist einer der hübschesten, die ich kenne, und er schmeckt noch besser als er aussieht! Am liebsten mache ich diesen Kuchen mit frischen Heidelbeeren (den besten!) im Sommer, Anfang Juli. Wenn es keine frischen gibt, kann man auch tiefgekühlte nehmen, man muss sie nur auftauen und abtropfen lassen.

6–8 Portionen

- 120 g weiche Butter, plus ein wenig für die Form
- 1 Tasse Zucker
- 1 großes Ei, plus 2 große Eidotter
- 1½ Tassen Universalmehl
- 1½ TL Backpulver
- 320 g frische Heidelbeeren
- 2 Tassen fettarmer Vanillejoghurt
- 2 EL Maisstärke
- 1 TL Vanilleextrakt

1. Backofen auf 180° C vorheizen. Eine Springform mit 23 bis 25 cm Durchmesser einfetten.
2. In einer großen Schüssel die Butter, 1/2 Tasse Zucker, das ganze Ei, das Mehl und das Backpulver gut mit einem Holzlöffel mischen und in die vorbereitete Form geben. Mit den Händen die Teigbrösel gleichmäßig auf dem Boden der Form andrücken. Die Heidelbeeren darauf verteilen.
3. Die Rührschüssel ausspülen, dann Joghurt, Maisstärke, die restliche halbe Tasse Zucker, Vanille und die Eidotter hineingeben. Gründlich durchschlagen und die Mischung über die Blaubeeren gießen.
4. Den Kuchen im Backofen auf der mittleren Schiene 1 Stunde und 10 Minuten backen. Der Teig sollte leicht gebräunt sein, die Joghurtmasse wird jedoch noch nicht ganz fest sein. Keine Sorge! Sie wird beim Abkühlen fest. Den Kuchen aus dem Backofen nehmen und abkühlen lassen.
5. Erst wenn der Kuchen ganz erkaltet ist, nimmt man den Ring der Springform ab und serviert den Kuchen zimmerwarm oder gekühlt.

Für Semi-Vegetarier und Ovo-Lacto-Vegetarier.
Pro Portion: 413,94 kcal; 7,64 g Eiweiß; 14,02 g Fett; 65,96 g Kohlenhydrate; 111,78 mg Cholesterin; 101,80 mg Natrium; 1,55 mg Eisen; 129,32 mg Kalzium; 0,55 µg Vitamin B_{12}; 0,99 mg Zink.

SCHOKOTROPFEN-COOKIES

Schokotropfen-Cookies sind meine Lieblingskekse, seit ich denken kann! Als ich klein war, kam meine Mutter nie an der Konditorei in unserer Nähe vorbei, ohne dass ich einen warmen Keks bekam und mir mit der weichen Schokolade das ganze Gesicht vollschmierte.

Nun habe ich selbst ein Rezept gefunden, das noch bessere Cookies ergibt, als jene aus »meiner« Konditorei. Besonders »schokoladig« schmecken sie mit großen Schokotropfen. Man kann auch verschiedene Nüsse durchprobieren – Macadamia-, Pekan- und Walnüsse schmecken alle gut.

Für 12–18 Personen (2–3 Dutzend Cookies)

- 120 g weiche Butter
- 1/4 Tasse plus 2 EL Kristallzucker
- 1/4 Tasse plus 2 EL brauner Zucker
- 1 TL Vanilleextrakt
- 1 großes Ei, verschlagen
- 1 Tasse plus 2 EL Universalmehl
- 1/2 TL Natron
- 1/2 TL Salz
- 1 Packung (285 g) Schokotropfen (halbbitter)
- 1/2 Tasse gehackte Nüsse nach Wahl

1. Backofen auf 190° C vorheizen. In einer großen Rührschüssel Butter, Kristallzucker, braunen Zucker und Vanille mischen. Mit dem Kochlöffel oder dem Handrührgerät glattrühren. Das Ei dazugeben und nochmals durchrühren.

2. In einer anderen, mittelgroßen Schüssel Mehl, Natron und Salz mischen. Das Mehl nach und nach unter die Buttermasse rühren.

3. Nun die Schokotropfen und die Nüsse unterziehen. Mit einem großen Löffel den Teig mit jeweils 5 cm Abstand auf ein ungefettetes Backblech setzen. Die Cookies backen, bis die Ränder braun werden, etwa 8 bis 10 Minuten. Warm oder zimmerwarm servieren.

Für Semi-Vegetarier und Ovo-Lacto-Vegetarier.
Pro Portion: 208,36 kcal; 2,71 g Eiweiß; 12,16 g Fett; 25,01 g Kohlenhydrate; 25,61 mg Cholesterin; 42,93 mg Natrium; 1,10 mg Eisen; 15,03 mg Kalzium; 0,04 µg Vitamin B_{12}; 0,47 mg Zink.

Einfache Kokosmakronen

Dieses einfache Rezept ist im Nu fertig. Für einen besonderen Anlass kann man auch ein oder zwei Tropfen Lebensmittelfarbe unter die Kokosraspel geben, dann gibt es besonders festliche, farbige Makronen. Wer besonders viele Makronen an Freunde und Verwandte verteilen will, nimmt am besten gleich die doppelte Menge! Die Makronen müssen nur luftdicht gelagert werden, damit sie nicht austrocknen.

6 Portionen (insgesamt 12 Makronen)

Butter für die Form
2 große Eiweiße
1/4 TL Mandelextrakt
1/4 TL Vanilleextrakt
2/3 Tasse Zucker
2 Tassen Kokosraspel

1 Den Backofen auf 180° C vorheizen. Ein Backblech leicht einfetten.

2 In einer mittelgroßen Rührschüssel alle Zutaten mischen und gut verrühren.

3 Jeweils einen Teelöffel Teig mit 5 cm Abstand auf das Backblech setzen. Die Makronen backen, bis sie leicht gebräunt und fest sind, etwa 15 bis 20 Minuten. Auf dem Backblech 5 Minuten abkühlen lassen, dann zum Erkalten auf ein Kuchengitter geben.

Für Semi-Vegetarier und Ovo-Lacto-Vegetarier.
Pro Portion: 187,42 kcal; 2,06 g Eiweiß; 8,93 g Fett; 26,4 g Kohlenhydrate; 0 Cholesterin; 23,83 mg Natrium; 0,66 mg Eisen; 4,64 mg Kalzium; 0,02 µg Vitamin B_{12}; 0,3 mg Zink.

Mamas unschlagbare Schokoladen-Geburtstagstorte

Wenn du etwas knapp bei Kasse bist, gibt es kein besseres Geburtstagsgeschenk für Freunde als eine dieser sündhaft guten Schokoladentorten! Meine Mutter bäckt diese Geburtstagstorte für mich, seit ich denken kann. Natürlich kann man sich von Zeit zu Zeit auch selbst damit verwöhnen, wenn man wieder einmal unbändige Lust auf Schokolade hat.
Du kannst den Teig auch in einer rechteckigen Form backen, aber der »Zwillingseffekt« mit zwei gleichen Torten aus zwei gleichen runden Formen ist einen Versuch wert. Keine Sorge, wenn der Teig sehr flüssig wirkt, er wird beim Backen dicker.

8–10 Portionen

2 Tassen Universalmehl
2 Tassen Zucker
1/2 Tasse Kakaopulver
1 TL Natron
1/2 TL Salz
1/2 Tasse Pflanzenöl
1/2 Tasse Buttermilch
2 Eier
2 TL Vanilleextrakt
1 Tasse kochendes Wasser
80 g Schokotropfen, mit 1 EL Kakaopulver bestäubt
Schokoglasur (Rezept Seite 195)

1 Backofen auf 180° C vorheizen. Zwei runde Backformen mit 23 cm Durchmesser oder eine 33 x 23 x 2 cm große rechteckige Form leicht einfetten. Den Boden der Form(en) mit zurechtgeschnittenem

Backpapier auslegen. Das Papier einfetten und die Formen bemehlen.

2 In einer großen Rührschüssel die trockenen Zutaten mischen. Öl, Buttermilch, Eier und Vanille dazugeben. Mit dem Handrührgerät auf mittlerer Stufe 2 Minuten schlagen. Das kochende Wasser zugießen und gründlich durchrühren.

3 Den Teig gleichmäßig auf die beiden Formen verteilen. Die Schokotropfen darüber streuen. Etwa 30 bis 35 Minuten backen, bis bei der Garprobe kein Teig mehr am Zahnstocher haftet. 5 Minuten abkühlen lassen, dann zum Erkalten aus der Form nehmen. Die Glasur vorbereiten.

4 Wenn die Kuchen ganz erkaltet sind, werden sie glasiert. Sofort servieren, den Rest in einem luftdichten Behälter aufbewahren.

Für Semi-Vegetarier und Ovo-Lacto-Vegetarier.
Pro Portion: 421,16 kcal; 5,61 g Eiweiß; 15,15 g Fett; 67,38 g Kohlenhydrate; 42,93 mg Cholesterin; 272,63 mg Natrium; 3,40 mg Eisen; 32,62 mg Kalzium; 0,13 µg Vitamin B_{12}; 0,80 mg Zink.

SCHOKOGLASUR

8–10 Portionen

- 3 Tassen Puderzucker
- 120 g weiche Butter
- 1 großer Eidotter
- 1 Prise Salz
- 2 EL Milch
- 1 TL Vanilleextrakt
- 2–3 Rippen Kochschokolade, geschmolzen

1 In einer mittelgroßen Rührschüssel Zucker, Butter, Eidotter, Salz, Milch und Vanille mischen. Mit dem Handrührgerät auf mittlerer Stufe durchschlagen, bis eine homogene, cremige Mischung entsteht. Die geschmolzene Schokolade dazugeben und gut unterrühren.

2 Sofort verwenden oder in den Kühlschrank geben, hält sich bis zu 3 Tage.

Für Semi-Vegetarier und Ovo-Lacto-Vegetarier.
Pro Portion: 260,08 kcal; 1,06 g Eiweiß; 12,99 g Fett; 37,66 g Kohlenhydrate; 46,54 mg Cholesterin; 97,15 mg Natrium; 0,46 mg Eisen; 13,23 mg Kalzium; 0,08 µg Vitamin B_{12}; 0,31 mg Zink.

ZARTE ZITRONENSCHNITTEN

Zitronenschnitten sind eine leichte, erfrischende Alternative zu den schokoladigen Desserts. Dabei wird der Teigboden vorgebacken, gefüllt und dann noch einmal gebacken. Zitronenschnitten kann man nach dem Mittagessen oder zwischendurch mit einem großen Glas Milch genießen.

16–20 Portionen

Für den Teigboden:
1¾ Tassen Universalmehl
⅔ Tassen Puderzucker, plus ein wenig zum Dekorieren
¼ Tasse Maisstärke
¾ TL Salz
180 g Butter, zimmerwarm, in 2,5 cm große Stücke geschnitten, plus ein wenig für die Form
Für die Fülle:
4 große Eier, leicht verschlagen

1 1/3 Tassen Kristallzucker
3 EL Mehl
2 TL abgeriebene Zitronenschale
2/3 Tassen frischer Zitronensaft, durch ein Sieb gegossen
1/3 Tasse Milch
1 Prise Salz

1 Für den Teigboden den Backofen auf 180° C vorheizen. Eine gläserne Backform von 33 x 23 cm leicht einfetten und mit Backpapier auslegen.

2 Die trockenen Zutaten in die Schüssel der Küchenmaschine geben und gut mischen. Die Butter dazufügen und mit der Maschine unterarbeiten, bis eine hellgelbe Mischung entsteht, die aussieht wie grober Schrot.

3 Diese Mischung in die Form geben und fest mit den Fingern andrücken, so dass ein gleichmäßiger Teigboden mit etwa 1,5 cm hohem Rand entsteht. Etwa 20 Minuten backen, bis der Teig Farbe annimmt.

4 In der Zwischenzeit für die Fülle Eier, Zucker und Mehl in einer mittelgroßen Rührschüssel miteinander verschlagen. Die restlichen Zutaten dazugeben und nochmals durchschlagen.

5 Sobald der Teig gebacken ist, den Backofen auf 160° C zurückschalten. Die Fülle noch kurz durchrühren und in den warmen Teigboden gießen. Etwa 20 Minuten backen, bis die Fülle fest ist. Auf Raumtemperatur abkühlen lassen, mindestens 30 Minuten.

6 In Portionsstücke schneiden. Mit wenig Puderzucker bestreuen. Sofort servieren oder abdecken und für später in den Kühlschrank stellen.

Für Semi-Vegetarier und Ovo-Lacto-Vegetarier.
Pro Portion: 204,45 kcal; 2,74 g Eiweiß, 8,16 g Fett; 30,73 g Kohlenhydrate; 61,70 mg Cholesterin; 104,17 mg Natrium; 0,74 mg Eisen; 14,76 mg Kalzium; 0,13 µg Vitamin B_{12}; 0,23 mg Zink.

MILCHGETRÄNKE UND PUDDINGS

Milchshake Pfirsich Melba

Karamell-Milchshake

Schokoladen-Bananen-Milch

Eisige Himbeeren

Ananas-Bananen-Pudding

Megan Gerkings Schokoladen-Mousse

Milchshake Pfirsich Melba

Dieser Milchshake erinnert mich immer an den Sommer. Es ist genau die Mischung aus sommerlichen Früchten und kaltem Vanilleeis, die man an warmen Sommerabenden so gerne genießt! Frische Himbeeren und Pfirsiche schmecken am besten, als Ersatz tun's auch tiefgekühlte oder aus der Dose.

2 Portionen

2 große frische Pfirsiche, gehäutet und entkernt oder
1 große Dose Pfirsiche, abgetropft
1/2 Tasse frische oder tiefgekühlte Himbeeren,
plus 1 EL frische Himbeeren (nach Wunsch)
4 Kugeln Vanilleeis
1/2 Tasse Milch
1 EL Mandelblättchen (nach Wunsch)
Leicht gesüßte Schlagsahne (nach Wunsch)

1 Pfirsiche, 1/2 Tasse Himbeeren, Eiscreme und Milch in der Küchenmaschine oder im Mixer pürieren, etwa 30 Sekunden.

2 Mit Mandelblättchen, frischen Himbeeren oder Schlagsahne garnieren, ganz nach Wunsch.

Für Semi-Vegetarier und Ovo-Lacto-Vegetarier.
Pro Portion: 385,35 kcal; 8,01 g Eiweiß; 16,87 g Fett; 54,99 g Kohlenhydrate; 66,38 mg Cholesterin; 135,49 mg Natrium; 0,5 mg Eisen; 256,16 mg Kalzium; 0,73 µg Vitamin B_{12}; 1,5 mg Zink.

Karamell-Milchshake

Er schmeckt genauso köstlich nach Karamell und Pekannüssen und ist dabei auch noch angenehm kühl und erfrischend! Wie eines meiner liebsten Konfekte.
Wer keinen gefrorenen Joghurt bekommen kann, nimmt einfach Schokoladeneis.

2 Portionen

- 450 g gefrorener Joghurt mit Schokoladengeschmack
- 1/3 Tasse Karamellsauce
- 2 EL gehackte Pekannüsse
- 3/4 Tasse Milch mit 1% Fett

1. Alle Zutaten in den Mixer geben. Abdecken und pürieren, etwa 30 bis 40 Sekunden.
2. In Gläser gießen und sofort servieren.

Für Semi-Vegetarier, Ovo-Lacto-Vegetarier und Lacto-Vegetarier.
Pro Portion: 469,71 kcal; 13,41 g Eiweiß; 9,97 g Fett; 86,95 g Kohlenhydrate; 14,21 mg Cholesterin; 365,07 mg Natrium; 0,31 mg Eisen; 454,20 mg Kalzium; 1,33 µg Vitamin B_{12}; 0,87 mg Zink.

Schokoladen-Bananen-Milch

Als wir noch klein waren, machte meine Mutter für meinen Bruder und mich immer gefrorene Schokobananen. Sie hielt das für eine gute Möglichkeit, uns eine Extraportion Obst unterzujubeln, und wir hatten wirklich nichts dagegen. Ich habe diese Leckerei aus vergangenen Tagen in ein Milchgetränk verwandelt, das angenehm erfrischt. Wenn man die leeren Gläser während der Zubereitung für 10 bis 15 Minuten in den Gefrierschrank gibt, bleibt das Getränk noch ein wenig länger kühl.

2 Portionen

1 reife Banane, in Stücke geschnitten
1 Tasse fettarmer Kakao
1/4 l Vanilleeis oder gefrorener Vanillejoghurt

1. Alle Zutaten in der Küchenmaschine oder dem Mixer etwa 30 Sekunden pürieren.
2. In Gläser gießen und sofort servieren.

Für Semi-Vegetarier, Ovo-Lacto-Vegetarier und Lacto-Vegetarier.
Pro Portion: 288,78 kcal; 7,5 g Eiweiß; 8,28 g Fett; 50,50 g Kohlenhydrate; 31,35 mg Cholesterin; 163,20 mg Natrium; 1,49 mg Eisen; 255,53 mg Kalzium; 0,70 µg Vitamin B_{12}; 1,24 mg Zink.

EISIGE HIMBEEREN

Diese kalte, süße Köstlichkeit schmeckt an einem heißen Sommertag einfach herrlich! Ein Fruchteis enthält weniger Fett und ist daher weniger sättigend als ein Milchshake oder ein Smoothie. Man kann verschiedene Beerensorten ausprobieren, mit Sojadrink wird das Eis noch gesünder.

2 Portionen

- 2 Tassen Eiswürfel
- 1/4 Tasse Zucker
- 1 Packung gefrorene Himbeeren
- 1 Tasse Milch

1. Alle Zutaten in der Küchenmaschine oder im Mixer auf mittelhoher Stufe einige Minuten pürieren, bis das Eis zerkleinert ist und die Zutaten gut vermischt sind. (Eventuell muss man den Mixer mehrmals abschalten und die Zutaten mit dem Löffel mischen.)
2. In Gläser gießen und sofort servieren.

Für Semi-Vegetarier, Ovo-Lacto-Vegetarier und Lacto-Vegetarier.
Pro Portion: 364,78 kcal; 5,33 g Eiweiß; 4,37 g Fett; 79,79 g Kohlenhydrate; 16,59 mg Cholesterin; 61,90 mg Natrium; 1,29 mg Eisen; 173,55 mg Kalzium; 0,44 µg Vitamin B_{12}; 0,81 mg Zink.

Ananas-Bananen-Pudding

Saftige, gelbe Ananas und weiche, süße Bananen sind eine herrliche Kombination und ergeben einen cremigen Pudding. Die Reste bewahrt man im Kühlschrank für ein köstliches Frühstück am nächsten Tag auf.

4 Portionen

1 Prise Salz
1 EL Maisstärke
1/3 Tasse Zucker
1 Tasse Milch
1 großer Eidotter
1 EL Butter
1/2 TL Vanilleextrakt
1 Dose (225 g) Ananasstücke, abgetropft
2 feste, reife Bananen
20–30 Vanillewaffeln
Süße Schlagsahne (nach Wunsch)

1 In einem großen, für die Mikrowelle geeigneten Glasgefäß Salz, Maisstärke und Zucker gut mischen. Unter Rühren langsam die Milch zugießen, so dass keine Klümpchen bleiben. In der Mikrowelle auf höchster Stufe 4 bis 6 Minuten erwärmen, dabei alle 3 Minuten umrühren, bis die Mischung glatt und dicklich ist.

2 In einer kleinen Rührschüssel den Eidotter verschlagen. Ein wenig von der heißen Milchmischung zum Eidotter geben und verrühren. Den Eidotter unter die Milchmischung rühren und durchschlagen. In der Mikrowelle auf höchster Stufe 1 Minute und 30 Sekunden erhitzen, bis der Pudding glatt und dickflüssig ist. Butter und Vanille unterrühren.

3 Die Ananasstücke unter den heißen Pudding ziehen. Die Bananen in Scheiben schneiden und beiseite geben. Den Boden einer

1-Liter-Glasschüssel mit der Hälfte der Vanillewaffeln auslegen. Darüber kommt die Hälfte der Bananenscheiben. Die Hälfte des Puddings über die Bananen gießen. Den Vorgang, beginnend mit den Vanillewaffeln, wiederholen.

4 Für mindestens 1 Stunde im Kühlschrank durchziehen lassen, damit die Waffeln weich werden. Mit Schlagsahne garnieren, falls gewünscht. Sofort servieren oder bis zu 1 Tag im Kühlschrank stehen lassen.

Für Semi-Vegetarier und Ovo-Lacto-Vegetarier.
Pro Portion: 345,71 kcal; 4,26 g Eiweiß; 9,71 g Fett; 63,83 g Kohlenhydrate; 70,79 mg Cholesterin; 96,21 mg Natrium; 1,30 mg Eisen; 103,89 mg Kalzium; 0,35 µg Vitamin B_{12}; 0,55 mg Zink.

Megan Gerkings Schokoladen-Mousse

Als ich mir einen Weisheitszahn ziehen lassen musste, konnte ich keine feste Nahrung zu mir nehmen. Eine meiner besten Freundinnen brachte mir, dem »Schokoholic«, damals diese Schokoladen-Mousse, um mich ein wenig aufzumuntern. Sie schmeckte so gut, dass ich mir das Rezept dafür besorgte. Also, schnell versuchen und dann genießen!

4 Portionen

170 g Schokotropfen (halbbitter)
1/4 Tasse Kaffeesahne oder Milch
2 große Eier, leicht verschlagen
1 Tasse Schlagsahne
3 EL Puderzucker
Schlagsahne zum Garnieren (nach Wunsch)

1. Die Schokotropfen mit der Kaffeesahne in ein für die Mikrowelle geeignetes 2-Liter-Gefäß geben. In der Mikrowelle auf höchster Stufe 2 Minuten erhitzen.
2. Aus der Mikrowelle nehmen und glatt rühren. Eier zufügen und die Mischung glatt schlagen. Auf Zimmertemperatur abkühlen.
3. Die Schlagsahne in eine mittelgroße Rührschüssel geben. Mit dem Handrührgerät auf höchster Stufe schlagen, bis sie fest wird, etwa 1 Minute. Den Zucker zur Sahne geben und eine weitere Minute schlagen, bis die Sahne ganz steif ist.
4. Die steife Schlagsahne vorsichtig unter die Schokoladenmischung ziehen.
5. In 4 Gläser jeweils eine 3/4 Tasse Mousse geben und für mindestens 1 Stunde in den Kühlschrank stellen.
6. Gekühlt servieren, nach Wunsch mit Schlagsahne garnieren.

Für Semi-Vegetarier und Ovo-Lacto-Vegetarier.

Pro Portion: 488,10 kcal; 6,63 g Eiweiß; 38,78 g Fett; 34,9 g Kohlenhydrate; 195,26 mg Cholesterin; 66,11 mg Natrium; 1,71 mg Eisen; 79,35 mg Kalzium; 0,36 µg Vitamin B_{12}; 1,1 mg Zink.

FRÜCHTEKUCHEN

Pfirsichkuchen

Schnelle Apfeltörtchen

Früchtepizza

Knuspriger Himbeer-Rhabarber-Kuchen

Erdbeerkuchen

PFIRSICHKUCHEN

Als ich in der sechsten Klasse war, sammelten meine Mitschülerinnen und ich Lieblingsrezepte für ein Kochbuch. Wir wollten Geld für einen Ausflug auftreiben und organisierten neben dem Verkauf des Kochbuchs auch noch eine Versteigerung von Süßspeisen. Ich machte für die Versteigerung diesen Pfirsichkuchen und wäre beinahe in Ohnmacht gefallen, als die Mutter meines Angebeteten den Kuchen kaufte! Zum Glück schmeckte er ihr, und ich vermute, er wird jedem schmecken.
Am besten wird er mit frischen Pfirsichen zubereitet, aber wen mitten im Winter die Lust auf einen Früchtekuchen überfällt, der kann auch Dosenpfirsiche verwenden. Man isst den Pfirsichkuchen noch warm mit Vanilleeis. Guten Appetit!

8 Portionen

120 g Butter
Geschälte, frische, reife Pfirsiche, in Stücke geschnitten, mit Saft; oder 3 Dosen Pfirsiche (je 450 g) in wenig süßem Sirup
1 Tasse Universalmehl
1 1/2 Tassen Zucker
1 EL Backpulver
3/4 Tasse fettarme Milch
1 TL Vanilleextrakt

1 Backofen auf 180° C vorheizen. Die Butter in einer gläsernen Backform von 33 x 23 cm in der Mikrowelle auf höchster Stufe erhitzen, bis sie schmilzt, etwa 50 Sekunden. Die Pfirsichscheiben auf den Boden der Form schichten oder 2 Dosen Pfirsiche abgetropft und die letzte Dose mit dem Saft in die Form geben.

2 In einer mittelgroßen Rührschüssel das Mehl, 1 Tasse Zucker, Backpulver, Milch und Vanille verrühren. Über die Pfirsiche gießen. Den Teig mit dem restlichen Zucker bestreuen.

3 Backen, bis der Kuchen aufgeht und goldbraun wird, etwa 40 Minuten. Etwas abkühlen lassen. Sofort servieren oder für später in den Kühlschrank stellen.

Für Semi-Vegetarier, Ovo-Lacto-Vegetarier und Lacto-Vegetarier.
Pro Portion: 361,48 kcal; 3,23 g Eiweiß; 12 g Fett; 62,57 g Kohlenhydrate; 31,99 mg Cholesterin; 100,54 mg Natrium; 0,90 mg Eisen; 39,56 mg Kalzium; 0,10 µg Vitamin B_{12}; 0,37 mg Zink.

SCHNELLE APFELTÖRTCHEN

Diesen köstlichen Nachtisch macht man immer wieder gern! Die Törtchen brauchen etwa 20 Minuten Vorbereitung, nach dem Abendessen kommen sie gerade aus dem Backofen.
Mit Tiefkühlblätterteig werden die Törtchen viel schneller zubereitet. Man findet ihn in der Tiefkühlabteilung im Supermarkt. Es gibt Packungen mit einem oder mit zwei Teigblättern, mit Pflanzenfett oder mit Butter. Welchen man verwendet, hängt davon ab, wieviel man dafür ausgeben möchte.

4 Portionen

1 Blatt (etwa 250 g) Blätterteig, aufgetaut
2 Granny Smith-Äpfel oder andere säuerliche Äpfel
2 EL brauner Zucker
2 EL Kristallzucker
1/2 TL gemahlener Zimt
1/8 TL frisch geriebener Muskat
2 EL kalte Butter, in kleine Stücke geschnitten, plus ein wenig für die Form
4 EL Aprikosenmarmelade
Vanilleeis zum Servieren (nach Wunsch)

1 Backofen auf 200° C vorheizen. Ein Backblech leicht einfetten.

2 Den Blätterteig auf einer bemehlten Fläche aufrollen. 4 Kreise mit etwa 15 cm Durchmesser ausschneiden (etwa mit einem scharfen Messer um den Rand einer Untertasse oder eines Desserttellers). Die Kreise auf das gefettete Backblech legen.

3 Die Äpfel schälen, halbieren, Kerngehäuse entfernen und dünne Scheiben schneiden, die man leicht überlappend auf die Blätterteigräder legt.

4 In einer kleinen Schüssel Zucker, Zimt und Muskat mischen. Damit die Äpfel bestreuen. Die Butterstückchen darauf legen und die Törtchen im vorgeheizten Backofen auf der mittleren Schiene backen, bis sie goldbraun sind, etwa 25 Minuten.

5 Die fertigen Törtchen auf einem Gitter etwa 10 Minuten abkühlen lassen. In der Zwischenzeit die Marmelade in der Mikrowelle 45 Sekunden auf höchster Stufe erhitzen.

6 Die warmen Törtchen mit der flüssigen Marmelade bepinseln, Aprikosenstückchen entfernen. Die Törtchen mit Vanilleeis servieren, falls gewünscht.

Für Semi-Vegetarier und Ovo-Lacto-Vegetarier.
Pro Portion: 242,70 kcal; 1,05 g Eiweiß; 9,88 g Fett; 40,12 g Kohlenhydrate; 15,54 mg Cholesterin; 36,91 mg Natrium; 0,66 mg Eisen; 18,75 mg Kalzium; 0 Vitamin B_{12}; 0,12 mg Zink.

FRÜCHTEPIZZA

Diese Früchtepizza sieht aus wie ein französischer Obstkuchen, ist aber verblüffend einfach zu machen! Mein Freund mag keine Schokolade, also habe ich ihm zum sechzehnten Geburtstag anstelle einer Torte diesen Kuchen gebacken. Er schmeckte ihm sehr, und ich war entzückt, dass das Rezept so einfach war.
Die Früchte wählt man ganz nach Geschmack, die Kombination verschiedener Farben und Formen lässt den Kuchen sehr hübsch aussehen.

6–8 Portionen

1 fertiger Mürbteig (Rezept Seite 212)
1 Packung (225 g) weicher Frischkäse
1/2 Tasse Puderzucker
1 1/2 TL Vanilleextrakt
3–4 Nektarinen oder kleine, geschälte Pfirsiche, feinblättrig geschnitten
10–12 dünne Ananasstücke
2 Kiwis, in dünne Scheiben geschnitten
100 g frische Himbeeren oder Erdbeeren, in Scheiben geschnitten
80 g rote Weintrauben
1 Tasse Aprikosenmarmelade

1 Backofen auf 180° C vorheizen. Den Mürbteig ausrollen und in eine runde Form von etwa 30 cm Durchmesser legen, an den Rändern etwas hochziehen. 9 bis 12 Minuten im vorgeheizten Backofen backen, bis er leicht gebräunt ist. Erkalten lassen.

2 In einer kleinen Schüssel Frischkäse, Puderzucker und Vanille mit einem Löffel verrühren. Die Mischung für 10 Minuten in den Kühlschrank stellen.

3 Sobald der Teig erkaltet und der Käseüberzug durchgekühlt ist, verteilt man die Käsemischung gleichmäßig über den Teigboden, wobei am Rand 1,5 cm frei bleiben. Nun am äußersten Rand beginnend die Nektarinen- oder Pfirsichstücke eng nebeneinader auflegen, so dass die Spitzen zur Mitte zeigen. Die Ananasstücke auf die Nektarinen bzw. Pfirsiche legen.

4 Neben die Nektarinen ordnet man die Kiwischeiben leicht überlappend im Kreis an. Die Mitte der Pizza wird mit Himbeeren oder Erdbeerscheiben belegt. Ganz außen, neben den Nektarinen, macht man einen Rand aus Weintrauben.

5 Die Aprikosenmarmelade in der Mikrowelle auf höchster Stufe 1 Minute erhitzen, bis sie flüssig ist. Die Früchte mit der flüssigen Marmelade bestreichen, Aprikosenstücke entfernen. Sofort servieren.

Für Semi-Vegetarier, Ovo-Lacto Vegetarier und Lacto-Vegetarier.
Pro Portion: 603,20 kcal; 6,32 g Eiweiß; 25,35 g Fett; 91,92 g Kohlenhydrate; 52,06 mg Cholesterin; 408,89 mg Natrium; 1,98 mg Eisen; 102,54 mg Kalzium; 0,13 µg Vitamin B_{12}; 0,45 mg Zink.

MÜRBTEIG-REZEPT

250 g Mehl
150 g kalte Butter
2 EL Zucker
1 Prise Salz

Das Mehl mit der in Stückchen zerteilten Butter, dem Zucker und dem Salz verkneten, 2 bis 3 EL eiskaltes Wasser hinzufügen, so dass ein geschmeidiger Mürbteig entsteht. Den Teig zugedeckt 1 Stunde kühl stellen.

KNUSPRIGER HIMBEER-RHABARBER-KUCHEN

Ich serviere diesen knusprigen Kuchen gerne mit Schlagsahne oder mit einer Kugel Vanilleeis.
Rhabarber wird meist von April bis September angeboten. Am besten sehen die roten Stangen aus. Alle Blätter und Wurzeln entfernen, sie sind für Menschen sehr giftig!

6 Portionen

480 g frische, 2,5 cm lange Rhabarberstücke
1 Packung gefrorene Himbeeren
Schale einer großen Orange, fein gerieben
1/3 Tasse frischer Orangensaft
3/4 Tasse Kristallzucker
1 Tasse plus 2 EL Universalmehl
1/2 Tasse brauner Zucker
1/2 TL gemahlener Zimt
120 g Butter, in Würfel geschnitten plus ein wenig für die Form
1/2 Tasse Haferflocken (keine Instantflocken)

1. Den Backofen auf 180° C vorheizen. Eine 28 x 18 x 5 cm große Glasform leicht einfetten.

2. Rhabarber, Himbeeren, Orangenschale, Orangensaft, Kristallzucker und 2 EL Mehl in die Form geben und vorsichtig mischen.

3. In der Küchenmaschine 1 Tasse Mehl, braunen Zucker und Zimt kurz durchrühren. Die Butterwürfel dazugeben und durcharbeiten, bis die Butter gut mit dem Mehl vermischt ist, etwa 20 Sekunden. Haferflocken hineingeben und kurz durchlaufen lassen.

4. Die Mehlmischung gleichmäßig über das Obst verteilen. 45 Minuten backen, bis der Teig leicht gebräunt ist. Etwas abkühlen lassen und servieren.

Für Semi-Vegetarier, Ovo-Lacto-Vegetarier und Lacto-Vegetarier.
Pro Portion: 522,80 kcal; 5,08 g Eiweiß; 16,32 g Fett; 92,53 g Kohlenhydrate; 41,43 mg Cholesterin; 14,52 mg Natrium; 2,59 mg Eisen; 115,15 mg Kalzium; 0,02 µg Vitamin B_{12}; 0,66 mg Zink.

ERDBEERKUCHEN

Dieser Kuchen mit glänzenden roten Erdbeeren schmeckt so gut wie er aussieht. Er ist sehr einfach zu machen und viel billiger als die Erdbeerkuchen, die in der Erdbeerzeit in den Bäckereien angeboten werden.
Man serviert ihn mit Schlagsahne.

6–8 Portionen

1 kg reife Erdbeeren, geputzt und gewaschen
1 Tasse Zucker
3 EL Maisstärke
1/2 Tasse Wasser
1 EL Butter
1 fertiger Mürbteig (Rezept Seite 212), gebacken

1 Metallmesser in die Küchenmaschine einsetzen. So viele Erdbeeren pürieren, dass sich 1 Tasse Püree ergibt.

2 In einer für die Mikrowelle geeigneten Glasschüssel Zucker und Maisstärke verrühren. Erdbeerpüree und Wasser dazugeben und gut mischen. Die Mischung in der Mikrowelle auf 70% (mittlere Stufe) 9 Minuten erhitzen, alle 3 Minuten umrühren. Die Mischung sollte dick und durchscheinend werden. Die Butter einrühren. Beiseite stellen und erkalten lassen.

3 Die restlichen Erdbeeren auf den gebackenen Teigboden schichten. Die Erdbeermasse gleichmäßig darüber verteilen. Mindestens 1 Stunde kühl stellen. Diesen Kuchen serviert man am besten noch am gleichen Tag.

Für Semi-Vegetarier, Ovo-Lacto-Vegetarier und Lacto-Vegetarier.
Pro Portion: 293,47 kcal; 2,56 g Eiweiß; 9,89 g Fett; 51,04 g Kohlenhydrate; 3,88 mg Cholesterin; 124,47 mg Natrium; 1,37 mg Eisen; 28,18 mg Kalzium; 0 µg Vitamin B_{12}; 0,34 mg Zink.

DANKSAGUNG

Dieses Buch wurde erst durch die Hilfe vieler Menschen möglich! Vielen Dank meiner Agentin, Susan Ginsburg, für ihre vielen Ratschläge und ihre positive Einstellung. Vielen Dank auch Judy Kern für ihre Hilfe beim Schreiben und Überarbeiten meines Erstlingswerkes. Danke Kendra Harpster für all die Arbeit, die sie mit diesem Buch hatte.

Donna Shields und Gale Leigeber haben mir als Vegetarierin und als Autorin unentbehrliche Informationen zum Thema Ernährung geliefert.

Meiner Hauswirtschaftslehrerin, Mrs. Heider, verdanke ich meine Grundkenntnisse im Kochen, sie ist allen ihren Schülerinnen Inspiration für eine gesunde und entspannte Einstellung zum Essen. Danke auch meinem Englischlehrer, Mr. Aleccia, er hat meinen Stil wesentlich verbessert mit seinen Lektionen vom Strichpunkt bis zur indischen Kultur!

Linda Eckhardt war immer für mich da, hielt mit unerschütterlichem Humor Ratschläge bereit.

Megan Louie, Ashley Miner, Alan Borelli, McKenzie Weiler, Lindsey Arkenburg, Julia Clark, Darren Dalton, Emily Schuler, Sarah Close, Jon Endrikat, Cassie Pagnini, Lucy Yanow, Ben Burnham, Andrea Khanzadian, Keith Gregory, Chelon Dyal, Brad Rahmlow und Jenn Hsieh, Tausend Dank! Ihr wart die Besten. Danke für das unerschrockene Verkosten, eure ehrliche Meinung und eure Unterstützung!

Und schließlich besonderen Dank meiner Familie. Mam und Paps, danke, dass ihr an mich geglaubt habt und immer für mich da wart. Keith, du bist der beste Bruder der Welt. Ohne euch hätte ich das niemals geschafft!

REGISTER

***A**minosäuren, essenzielle 15*
Ananas-Bananen-Pudding 204
Apfeltörtchen, schnelle 209
Aprikosen
-Chimichangas 76
-Sauce 77
Auberginen, überbackene 153
Auflauf
–, mexikanischer 142
–, Spaghetti- 155

Beerensuppe, kalte 121
Bohnen
–, rote, mit Reis 168
– schwarze, Suppe 117
–, Suppe mit Kokosnuss und schwarzen 173
Brötchen-Chips mit Pesto Torta 179
Bulgur 28
Burger
–, »Steak«- 148
–, würzige Tempeh- 149
Burrito
, Frühstücks- 70
-Rollen 81
Buttermilch-Pfannkuchen 38
Butter-Ravioli mit Champignons 134

Chai-Tee-Latte 54
Chili
–, echt scharfer 116
– Hot Dogs, herzhafte 82
– Käse-Omelettes 67

Dressing, Guacamole- 107

Eierkuchen mit Früchten 47
Eisen 13
-lieferanten, vegetarische 16
Eiweiß 13
-lieferanten, vegetarische 15
Energieverbrauch, aktiver 10 f.
Erdbeerkuchen 214
Ernährung
–, gesunde 11 f.
–, vegetarische 7 f., 12, 25–31
Ernährungspyramide 11 f.

Fettuccine Primavera 130
Fladenbrot, Babas 94
Fruchtbecher, gefrorene 62
Fruchtsalat, saftiger 63
Früchtepizza 211
Frühstück
–, einfaches, mit mürben Brötchen 41
– zum Mitnehmen 66

-s-Burritos 70
-s-Parfait, dreifarbiges 58
Fusilli-Salat, sommerlicher 90

Gemüse
-Dal, würziger 163
-pastete 151
-Pita 98
-suppe »Seelentröster« 120
Gewicht und Kalorienbedarf 10
Granola-Bratäpfel 60

***H**aferkleie 28*
Heidelbeer-Joghurt-Kuchen 190
Himbeeren, eisige 203
Himbeer-Rhabarber-Kuchen 213
Hirse 29
Hot Dogs, herzhafte Chili- 82
Hülsenfüchte 13, 29

***K**alorienbedarf, täglicher 10f.*
Kalzium 15
-lieferanten, vegetarische 15f.
Käse
-Dattel-Dip 184
-Enchiladas mit Schokoladensauce 138
-Lasagne 133
-Nudeln 89
Karamell-Popcorn-Bälle 185
Kartoffeln, Ofen- 122
Knusperriegel, Orangen-Moosbeer-Mandel- 43
Kochtechniken 32
Kokosmakronen, einfache 193
Kuskus 29

Lasagne, Käse- 133
Linsentopf, lässiger 162

Milchshake
–, Karamell- 201
– Pfirsisch Melba 200
Mineralstoffe
– *Tageszufuhr, Übersicht 9*
Minestrone 119
Möhrentaschen, knusprige 78
Mokka, französischer 55
Muffins
–, Kleie- 44
–, Heidelbeer-Frühstücks- 45
Mürbteig 153

Nacho-Salat, bunter 106
Nährstoffe 8, 11ff.
Nudelsalat
–, Jeremy und Noahs peppiger, mit Gemüse 91
–, Kathies chinesischer 86
–, Ramen- 108
–, würziger italienischer 87

Obst, frisches, mit Käse-Dattel-Dip 184
Ofenkartoffeln 122
Omelettes
–, Chili-Käse- 67
Orangen-Moosbeer-Mandel-Knusperriegel 43

Pad Thai 161
Pesto
-Pasta
–, selbstgemachter 181
-Torta 180
Pfannkuchen, Buttermilch- 38
Pfirsichkuchen 208
Pita, Gemüse- 98
Pizza
– »Gemüsegarten«
– mit Oliven und Artischockenherzen 126
-sauce, hausgemachte 129
Protein, texturiertes vegetabiles (TVP) 31

Quesadillas, vegetarische 145
Quinoa 30
-Salat 170

Ravioli mit Champignons 134
Reis
–, gebratener chinesischer 169
-pudding mit Schokolade 59
-taschen »Naher Osten« 83

Salat
–, Denalis Erdbeer-Spinat- 109
–, frischer italienischer 110
– mit frischen Feigen und Blauschimmelkäse 112
–, Quinoa- 170
–, vegetarischer Caesar- 113
Sandwich
–, gebackenes Käse- 96
–, Käse-»Steak«- 100
–, Tofu-Salat- 97
Sauerrahm-Kuchen, traditioneller 61
Schokoglasur 195
Schokoladen
-Bananen-Milch 202
-Geburtstagstorte 194
-Mousse 205
Schokoschnitten »death by chocolate« 188
Schokotropfen-Cookies 191
Schwarze Bohnen-Suppe 117
Seitan 30
-Tacos 140
Sloppy Joes 95
Smoothie
–, »Beeriger« 50
–, Rubinroter 51
–, Tofu-Frucht- 52
–, Bananen-Pekan-Soja- 53
Sojaeiweiß 30
Spaghettiauflauf 155
Stoffwechsel 10
Suppe
– mit Kokosnuss und schwarzen Bohnen 173
–, Schwarze-Bohnen- 117

Tabbuleh, einfacher 172
Tageszufuhr, empfohlene 8f.
Tempeh 30
-Burger 149
-Pfanne 160

Tofu 31
-Gemüse-Taschen 79
-McNuggets 182
-Rührei 71
-Salat-Sandwich 97
Tortilla-Chips mit Guacemole und Salsa 178
Tortillas, Erdnusscreme-Bananen- 68
Tostadas, bunt belegte 141

***V**eganer 7, 27*
–, strenger 27
Vegetarier
–, Lacto- 7, 27
–, Ovo-Lacto- 7, 27
–, Semi- 27
Vitamin
– B_{12} 17
-B_{12}-Lieferanten 17f.
– D 15
-D-Lieferanten, vegetarische 15f.
-bedarf, Übersicht 9

Waffeln, Riesen-Frucht- 40
Weizenkeime 31
Weizenkleie 31

***Z**ink 17*
-lieferanten, vegetarische 20
Zitronenschnitten 196
Zucchini-Boote 156

SCHLANK UND FIT

13910

13947

16286

16280